制度、名物与史事沿革系列

赋役制度史话

A Brief History of Taxes and Corvee System in Ancient China

徐东升 / 著

社会科学文献出版社
SOCIAL SCIENCES ACADEMIC PRESS (CHINA)

图书在版编目（CIP）数据

赋役制度史话/徐东升著．—北京：社会科学文献出版社，2011.10
（中国史话）
ISBN 978-7-5097-2522-1

Ⅰ.①赋…　Ⅱ.①徐…　Ⅲ.①赋税制度-研究-中国-古代 ②徭役-研究-中国-古代　Ⅳ.①F812.92

中国版本图书馆 CIP 数据核字（2011）第 131394 号

"十二五"国家重点出版规划项目

中国史话·制度、名物与史事沿革系列

赋役制度史话

本书根据郑学檬《中国赋役制度史》改编

著　　者／徐东升

出 版 人／谢寿光
出 版 者／社会科学文献出版社
地　　址／北京市西城区北三环中路甲 29 号院 3 号楼华龙大厦
邮政编码／100029

责任部门／人文科学图书事业部（010）59367215
电子信箱／renwen@ssap.cn
责任编辑／高世瑜
责任校对／胡新芳
责任印制／岳　阳
总 经 销／社会科学文献出版社发行部
　　　　（010）59367081　59367089
读者服务／读者服务中心（010）59367028

印　　装／北京画中画印刷有限公司
开　　本／889mm×1194mm　1/32　印张／5.625
版　　次／2011 年 10 月第 1 版　字数／109 千字
印　　次／2011 年 10 月第 1 次印刷
书　　号／ISBN 978-7-5097-2522-1
定　　价／15.00 元

总序

中国是一个有着悠久文化历史的古老国度，从传说中的三皇五帝到中华人民共和国的建立，生活在这片土地上的人们从来都没有停止过探寻、创造的脚步。长沙马王堆出土的轻若烟雾、薄如蝉翼的素纱衣向世人昭示着古人在丝绸纺织、制作方面所达到的高度；敦煌莫高窟近五百个洞窟中的两千多尊彩塑雕像和大量的彩绘壁画又向世人显示了古人在雕塑和绘画方面所取得的成绩；还有青铜器、唐三彩、园林建筑、宫殿建筑，以及书法、诗歌、茶道、中医等物质与非物质文化遗产，它们无不向世人展示了中华五千年文化的灿烂与辉煌，展示了中国这一古老国度的魅力与绚烂。这是一份宝贵的遗产，值得我们每一位炎黄子孙珍视。

历史不会永远眷顾任何一个民族或一个国家，当世界进入近代之时，曾经一千多年雄踞世界发展高峰的古老中国，从巅峰跌落。1840 年鸦片战争的炮声打破了清帝国“天朝上国”的迷梦，从此中国沦为被列强宰割的羔羊。一个个不平等条约的签订，不仅使中国大量的白银外流，更使中国的领土一步步被列强侵占，国库亏空，民不聊生。东方古国曾经拥有的辉煌，也随着西方列强坚船利炮的轰击而烟消云散，中国一步步堕入了半殖民地的深渊。不甘屈服的中国人民也由此开始了救国救民、富国图强的抗争之路。从洋务运动到维新变法，从太平天国到辛亥革命，从五四运动到中国共产党领导的新民主主义革命，中国人民屡败屡战，终于认识到了“只有社会主义才能救中国，只有社会主义才能发展中国”这一道理。中国共产党领导中国人民推倒三座大山，建立了新中国，从此饱受屈辱与蹂躏的中国人民站起来了。古老的中国焕发出新的生机与活力，摆脱了任人宰割与欺侮的历史，屹立于世界民族之林。每一位中华儿女应当了解中华民族数千年的文明史，也应当牢记鸦片战争以来一百多年民族屈辱的历史。

当我们步入全球化大潮的 21 世纪，信息技术革命迅猛发展，地区之间的交流壁垒被互联网之类的新兴交流工具所打破，世界的多元性展示在世人面前。世界上任何一个区域都不可避免地存在着两种以上文化的交汇与碰撞，但不可否认的是，近些年来，随着市场经济的大潮，西方文化扑面而来，有些人唯西方为时尚，把民族的传统丢在一边。大批年轻人甚至比西方人还热衷于圣诞节、情人节与洋快餐，对我国各民族的重大节日以及中国历史的基本知识却茫然无知，这是中华民族实现复兴大业中的重大忧患。

中国之所以为中国，中华民族之所以历数千年而不分离，根基就在于五千年来一脉相传的中华文明。如果丢弃了千百年来一脉相承的文化，任凭外来文化随意浸染，很难设想 13 亿中国人到哪里去寻找民族向心力和凝聚力。在推进社会主义现代化、实现民族复兴的伟大事业中，大力弘扬优秀的中华民族文化和民族精神，弘扬中华文化的爱国主义传统和民族自尊意识，在建设中国特色社会主义的进程中，构建具有中国特色的文化价值体系，光大中华民族的优秀传统文化是一件任重而道远的事业。

当前，我国进入了经济体制深刻变革、社会结构深刻变动、利益格局深刻调整、思想观念深刻变化的新的历史时期。面对新的历史任务和来自各方的新挑战，全党和全国人民都需要学习和把握社会主义核心价值体系，进一步形成全社会共同的理想信念和道德规范，打牢全党全国各族人民团结奋斗的思想道德基础，形成全民族奋发向上的精神力量，这是我们建设社会主义和谐社会的思想保证。中国社会科学院作为国家社会科学研究的机构，有责任为此作出贡献。我们在编写出版《中华文明史话》与《百年中国史话》的基础上，组织院内外各研究领域的专家，融合近年来的最新研究，编辑出版大型历史知识系列丛书——《中国史话》，其目的就在于为广大人民群众尤其是青少年提供一套较为完整、准确地介绍中国历史和传统文化的普及类系列丛书，从而使生活在信息时代的人们尤其是青少年能够了解自己祖先的历史，在东西南北文化的交流中由知己到知彼，善于取人之长补己之短，在中国与世界各国愈来愈深的文化交融中，保持自己的本色与特色，将中华民族自强不息、厚德载物的精神永远发扬下去。

《中国史话》系列丛书首批计200种，每种10万字左右，主要从政治、经济、文化、军事、哲学、艺术、科技、饮食、服饰、交通、建筑等各个方面介绍了从古至今数千年来中华文明发展和变迁的历史。这些历史不仅展现了中华五千年文化的辉煌，展现了先民的智慧与创造精神，而且展现了中国人民的不屈与抗争精神。我们衷心地希望这套普及历史知识的丛书对广大人民群众进一步了解中华民族的优秀文化传统，增强民族自尊心和自豪感发挥应有的作用，鼓舞广大人民群众特别是新一代的劳动者和建设者在建设中国特色社会主义的道路上不断阔步前进，为我们祖国美好的未来贡献更大的力量。

陈奎元

2011年4月

⊙徐东升

作者小传

徐东升，1968年生，河南省正阳县人。1991年毕业于山东大学历史系历史学专业。2000年获得历史学博士学位（厦门大学中国经济史方向）。2000年8月至今，在厦门大学历史系任教。现任中国古代史教授、厦门大学历史研究所副所长。长期从事中国古代史、中国古代经济史教学与研究工作。曾参与国家经贸委课题、国家社科基金课题、福建社科基金课题的研究工作，现主持国家社科基金课题《宋代手工业组织研究》工作。先后合作出版了《中国企业史（古代卷）》、《简明中国经济通史》，并在《中国史研究》、《中国经济史研究》、《学术月刊》、《文史哲》等刊物上发表学术论文30余篇。

目录

绪论　中国赋役制度演变的特点 …………………… 1

一　“三代”赋税制度的起源与发展 …………………… 4

1. “三代”的贡纳制 …………………… 4

2. “三代”的田税 …………………… 5

3. “三代”的力役制度 …………………… 7

二　春秋战国时期封建赋役制度的形成 …………………… 8

1. 田税的变革 …………………… 8

2. 军赋的变革 …………………… 9

三　秦汉的租、赋与力役制度 …………………… 11

1. 秦朝的田租、口赋与力役 …………………… 11

2. 汉代的轻租与重赋 …………………… 12

3. 汉代的其他赋税 …………………… 15

4. 汉代的徭役制度 …………………… 16

四　魏晋南北朝的租调力役制度 …………………… 18

1. 户调制的起源 …………………… 18

2. 户调与丁调 …………………… 19

3. 田租与税米 …………………………………… 22
4. 横调、横赋敛 ………………………………… 25
5. 工商杂税 ……………………………………… 27
6. 正役与杂徭 …………………………………… 31

五 隋与唐前期的租庸调制与其他赋役制度 ……… 38
1. 唐朝的户籍制度与户等制度 ………………… 38
2. 租调力役制向租庸调制的转化 ……………… 40
3. 户税与地税 …………………………………… 45
4. 杂徭、色役、资课 …………………………… 48
5. 兵役负担 ……………………………………… 51
6. 工商税 ………………………………………… 55

六 唐后期、五代的两税与诸色税役 …………… 57
1. 两税法的成立与实施 ………………………… 57
2. 工商杂税与和市、和籴、进奉 ……………… 68
3. 役法与徭役 …………………………………… 73

七 两宋的两税与诸色税役 ……………………… 77
1. 两税与“杂变之赋”、“丁口之赋” ………… 77
2. 工商杂税与科配 ……………………………… 81
3. 夫役与职役 …………………………………… 85

八 辽朝的赋役制度 ……………………………… 88
1. 赋税 …………………………………………… 88
2. 徭役 …………………………………………… 91

九　金朝的赋役制度 …………………………… 94
1. 赋税 …………………………………… 94
2. 徭役 …………………………………… 98

十　元朝的赋役 …………………………… 103
1. 赋税 …………………………………… 103
2. 工商杂税 ……………………………… 105
3. 徭役 …………………………………… 110

十一　明朝前期的两税法 ………………… 114
1. 土田户籍与两税法 ………………… 114
2. 明初徭役种类及其特点 …………… 117
3. 明朝的商税与匠役 ………………… 120

十二　从一条鞭法到摊丁入亩 ………… 123
1. 明中叶的赋役改革 ………………… 123
2. 张居正推行一条鞭法 ……………… 126
3. 摊丁入亩与耗羡归公 ……………… 131

十三　清朝后期赋税结构的变化 ……… 136
1. 盐税、商税的增加与地丁正额地位的
下降 ……………………………………… 136
2. 农村田赋的失额与混征 …………… 140

十四　民国时期的赋税与力役 ………… 145
1. 北洋军阀时期的赋役制度 ………… 145
2. 1927～1937 年国民政府的赋役制度 ………… 149
3. 抗日战争时期国统区的赋役制度 ………… 152
4. 1945～1949 年国统区的赋役制度 ………… 156

绪论　中国赋役制度演变的特点

中国古代赋役的演变有着循序性、反复性和差异性的特点。所谓循序性是指赋役制度的改革，步步相接，前后相承，很少有像日本大化革新那样移植外国制度而骤然转折的现象。以土地税来说，夏、商、西周课征的贡、助、彻制下的田税均以“借民力以治公田”的力役形态出现。但是，“彻”已是将部分土地（公田）上的生产物以田税形式上交的实物税了。可以说，“彻”是实物形式的土地税的开始。春秋战国时期，各国相继进行了税制改革，田税和田亩数量、亩产量直接相关。秦朝田租继承春秋战国的田税形式，“据地出税”，并且采取统一的税率。汉朝循此原则而不改，十五税一或三十税一，税率降低了，依据仍然是土地。曹操颁布租调令，田租（即田税）的征收由比例税率彻底改为定额税率，即每亩四升。从西晋开始，田租名义上按亩，实际按丁征收。北朝的北魏，在太和八年（484 年）以前，田租是按户征收，太和十年（486 年）改订租调时，田租仍基于户。隋、唐前期租庸调制下的田租基于丁，称丁租。应当注意的是，西晋、北魏的按户征收田租时期或隋与唐前期的按丁征收田租时期，分别实行占田制、均田制。所以，按户、按丁计租均与田亩数量、亩产量有关，实际上未离开"据地出税"的原则。两税法实施以后，田税逐步向田亩税转变，"据地出税"原则得以完整地体现出来。至宋朝，全面按亩计征。同时，从唐末五代开始，局部实行计亩征钱，宋朝继续如此，表明在商品经济日益繁荣的条件下，田税由实物税向货币税转化已见端倪。但是，这一发展过程相当缓慢，到了明前期，田税仍以税粮形式存在。明中叶，各地陆续将税粮折征银两。一条鞭法实行后，丁粮折银，合并征收，成为比较普遍的形式，至清代而未改。但是，终民国时期，虽然税银代替税粮已属普遍现象，而直接征粮仍未完全停止，有时还很突出。因此，中国3000多年来的税制改革，是一个循序渐进的过程。中国赋役制度完全根据政治、经济形势的发展变化而变革，极少受周边国家的影响。

赋役制度的演变不是直线式的，在某个时期、某一税种方面，尚有消失之后复出的现象。例如秦汉的口赋，属于人头税，自曹操租调令颁布后，一般来说不征收了。自唐末五代开始，丁钱、丁米之征又较多出现，形成身丁钱米绢麦这一税种，可以说，人头税得到复活。宋初所谓丁口之赋，即将这一税种以法律形式固定下来。又如辽、金、元三朝税制中，租税合一性质的牛头税制与丁税之征，都属于沿用旧法，显系旧税制在新的历史条件下复活，体现了税制演变的反复性。役法的演变也有类似情况，如力役之征，自以庸代役后，力役可以说取消了，但实际上仍然以各种名义存在。即使在宋朝免役法、明朝一条鞭法、清朝摊丁入亩实施后，力役仍然在征发。兵役一直延续到民国末年，甚至成为民患。总之，赋役制度演变过程中，因为社会动乱、军阀割据、少数民族统治者入主中原等原因，旧的赋役制度会沉渣泛起，僵而不死，表现出在新旧制度交替过程中的反复现象。

所谓差异性，就是由于中国各地区自然条件差别很大，反映在赋税征纳形式上，存在着“任土作贡”原则（包括折纳随土所出）和征纳期限的不同。各地区经济发展的不平衡，也引出赋税负担不平衡的问题。从唐后期开始，江南重赋渐成传统，其原因固然有政治的因素，也有江南农业、工商业比较发达，有较多钱粮可征这个经济因素。又如兵役，唐之关中、陇右多府兵，宋之河北、关中多驻军，自然兵役就重，这也是一种地区负担的差异。凡此种种，都构成了中国赋役负担差异的复杂性。

一 “三代”赋税制度的起源与发展

夏朝的建立，标志着中国第一个奴隶制国家的产生，也意味着赋税力役制度正式出现。一般认为，中国奴隶制的政体是宗法分封制，它在西周臻于完备。宗法分封制“授土授民”，建立以井田制为主的土地占有关系，采取“公食贡、大夫食邑、士食田”的方式占有社会产品。夏、商、周采取的占有直接生产者的剩余劳动产品的方式有贡、役、税三种。

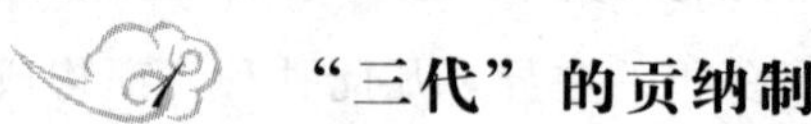

1 “三代”的贡纳制

从世界历史来看，贡纳关系出现于原始社会末期，中国的贡纳关系也不例外，到夏朝建立后更为流行。《尚书·禹贡》列举了九州贡纳的具体物品，这些贡品的确定遵循着“任土作贡”的原则，即据诸州土产而纳贡。夏之贡纳，从财政上看，是为了满足夏王朝的某些特殊需要；从政治上看，是臣服关系的物化象征。“任土作贡”虽不一定是始自夏朝的“先王之制”，却是后世王朝推行土贡制遵循的圭臬。

商朝的贡纳制有外服与内服之别。作为外服的侯、甸、男、卫邦伯，是以商朝为核心的诸方国或部落的首领，他们向商朝贡献牲畜，但没有一定数量，也没有一定期限，可能只是一种表示友善的象征性贡纳。作为内服的百僚庶尹、惟亚、惟服、宗工，主要是在朝中任职的部落首领，他们须向商朝贡献大量牲畜或动物，成为商朝频繁对外战争所需畜力以及经常的祭祀所需牺牲的主要来源。无论是外服势力或是内服势力，对于商朝的贡献主要是以族为单位进行的。

西周的贡纳逐渐形成了等级制度，一方面按公、侯、伯、子、男加以区分，级别高的，贡纳相对重些；另一方面按“服”区远近排列，距离越远，贡纳时间间隔越长，贡纳次数越少。西周的贡品，既有财物，也有人身。

 “三代”的田税

至今，学者一般认为“井田制”是通行于三代的主要的土地制度。对于田税的征课形式，《孟子·滕文公章句上》说：“夏后氏五十而贡，殷人七十而助，周人百亩而彻，其实皆什一也。彻者，彻也；助者，籍也。……贡者，校数岁之中以为常。……惟助为有公田。由此观之，虽周亦助也。”

据孟子的解释，夏朝的贡法是以一夫五十亩为单位课征定额实物税，数量为平均年产量的1/10。但此

说不可信。田税课征对象是生产者的剩余劳动产品，采取何种途径提供这种产品，则受生产力状况的制约。夏朝的农业生产工具极其粗笨简陋，劳动效率极为低下，农业生产者只能采取原始的集体耕作方式，不可能以一家一户为单位从事个体生产。就此而论，夏朝的田税课征形式应类似于商朝的“助”法。

在今人看来，“助”法是劳役税，劳动者被集中在公田上进行集体劳动，公田收入就是其剩余劳动的物化表现。迄今考古发现的商朝农具，以石器最多，蚌器、骨器次之，青铜器最少，在构成上仍类似于夏朝的以木、石器为主。因此，商朝农业仍只能以集体耕作形式为主，孟子所言“助者，籍也”，应是借民力以治公田的意思。

孟子既称“周人百亩而彻”，又说“虽周亦助”，表明“彻”法与“助”法既有相似之处，又有差别。一些学者主张把“彻”字的含义与划分田地联系起来理解，但问题是何时彻田，若耕作之始即区分公田与私田，则与助法完全相同，不符合孟子原意。清人崔述认为“彻”法的特点在于无公田、私田之分，至收获之际，才彻取收获物的十分之一作为税物，这也不符合孟子的原意。近年，洪钢主张把“彻”字训为“通”，阐发为“通公私”之义，即打破公田与私田的固定界限，先由生产者在耕作季节统一经营，至收获之际才把一部分田地划为当年的公田，其收获物便成为税物。此说既肯定“彻”与“助”均为力役形态，又指出二者在时间与空间上的区别，比较符合孟子的表达方式。

许多学者指出，不宜仅据孟子之说，就认为夏、商、西周分别采取贡、助、彻的单一税制。也有学者认为，西周对居住于“野”（郊外）的劳动者实行“助”法，对居住于“国”（郭内）的周族公社农民采取“彻”法。

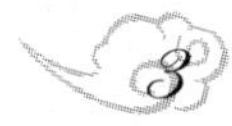 “三代”的力役制度

夏朝的力役制度无考。商朝的力役征调涵盖了外服与内服。外服势力当商朝兴兵征伐之际必须出兵助战，所体现的主要是商朝和外服势力之间的联盟关系；外服势力也向商朝提供一定的劳力，用于开矿和田猎放牧。内服势力则是商朝征调力役的主要来源。内服部族的族众是商朝对外征伐的主要力量，商朝对族众采取命令征发的形式。商朝也向诸部族征取人力从事田猎、采矿、建筑城邑和宫室、建造舟车、往来运输、省视仓廪、押送战俘等力役。这些征役没有一定的期限和数量，具有很大的随意性。

西周征调力役称为“赋”。《周礼·乡大夫》记载说：“国中自七尺以及六十，野自六尺以及六十五”，皆在征调之列，唯老、疾、贵、贤、能、服公事者得免。实际上很难做到，因为当时人的平均寿命没有那么长。“六乡”征兵时，耕种上地者，家出一人为正卒，二人为羡卒；耕种中地者，二家出二人为正卒，三人为羡卒；耕种下地者，家出一人为正卒，一人为羡卒。正卒为正式兵役，羡卒担任田猎和地方治安工作。

二　春秋战国时期封建赋役制度的形成

春秋战国时期的社会制度和阶级关系经历了一场深刻的变革，在这场变革中，完成了由奴隶制向封建制的转化。作为其重要表现之一，封建赋役制度也建立起来。

田税的变革

春秋战国时期铁农具的普遍应用，水利灌溉事业的发展，牛耕的推广和耕作技术的进步，标志着农业生产力提高到了一个崭新的水平，为个体耕作取代集体耕作提供了条件，导致“借民力以治公田”的做法已无法实行下去。同时，大片荒地被开垦出来，激发了统治者借以征税的冲动。因此，各国的土地制度先后发生了变化，田税制度也相应发生了变革。

晋国有五卿“伍税”之法，因亩制大小不一，税率并不一致，但其计税对象都是田亩。鲁国实行“初税亩”，意在扩大地税的征取范围以及按田亩计税。一

般认为，“初税亩”标志着鲁国正式废除公田、私田之分，向一切田亩征收实物税。这是适应日益发展的以一家一户为单位的个体农业生产的封建性质的地税。魏国实行税率为十分之一的田税，平均每亩征税一斗五升。秦国的“初租禾”，标志着列国地税变革的最后完成，其征税办法与田亩面积或亩产量直接相关，也是一种“履亩而税”。

军赋的变革

“赋”在西周指的只是兵役，而非征收军需品。军费主要来自井田制下的“籍法”所得，车马兵甲也因“工商食官”制度的推行而皆出于官。随着井田制的日趋崩坏，春秋以来列国陆续进行了军赋改革。

管仲在齐国实行“相地而衰征”，按土地好坏取粟作为军赋，税率视年成而定，上年15%，中年10%，下年5%。晋国“作爰田”（也称“作辕田”），以田出车赋；“作州兵”，以2500家为州，使州长各率其属缮甲兵，不仅改易兵制，也改革了军需品征收制度。

鲁国“作丘甲”，以“丘”（九夫为井，四井为邑，四邑为丘）为单位征收军需品，每丘戎马一匹、牛三头。继“作丘甲”之后，鲁国又实行了“用田赋”，进一步缩小了军赋的起征单位，扩大了军赋的征取对象。郑国“作丘赋”，完成了军赋改革。楚国“量入修赋”，将各类土地区分为山林、薮泽、京陵、衍沃等九种，分别按其收入多寡确定征赋数量；军赋征取的内容包括士卒、车马、兵器；征取时以平原的井田为标准单位，其他土地都折算为相当的井数。秦国的军赋改革有如田税改革，在列国中最晚进行，孝公十四年（前348年）初定军赋，按户按人口征收，也称“口赋”。

随着赋、税之分的确定，在战国时期，“力役之征”也成为独立的概念，确立了赋、税、力役的“三征”结构，成为中国封建社会长期沿用的赋役体系。

三　秦汉的租、赋与力役制度

 秦朝的田租、口赋与力役

自秦简公七年（前408年）"初租禾"，田租就成为秦国的一项正税。统一中国后，秦朝继续课取田租。关于计税对象，或认为是"舍地而税人"，或认为是"据地而税"。就目前掌握的资料看，后者比较可信。关于田租的征税形式，或认为是比例税，或认为是定额税。从历史连续性的角度尤其是"汉承秦制"考虑，就法律形式而言，秦朝田租采取的应是统一的比例税，税率要高于1/15。然而比例税需要逐年核实亩产量、垦田面积，制度成本过高。从简化税务的现实需要出发，秦朝各地征收田租很可能根据历年亩产量、垦田数、比例税率等情况，制定了各自的固定税额。汉代"三十税一"田租的实际定额化，可反证此推测当非悬想。

口赋属人头税，计口出钱。征收口赋时，吏人到各家，以户为单位进行，因此口赋又称户赋。口赋的税额，一般推测当不会少于汉代算赋额，即每口120钱。

征调徭役和兵役，需要及时掌握适役人口的情况，为此秦朝在户籍制度中采取“傅籍”的方式。然而对于傅籍的标准，或认为依据年龄，或以为依据身高；也有人认为最初傅籍征役，年龄与身高并用，免老用年龄，后来傅籍、免老均以年龄为准。就目前的资料看，秦制用以区分是否成年的标准，是身高制与年龄制并用的。至于傅籍的标准，秦制对不同的对象使用不同的标准。具体而言，“隶臣妾”的傅籍标准是法定身高制，即隶臣以6尺5寸，隶妾以6尺2寸为傅籍的法定身高；公民傅籍标准采用法定年龄制，法定年龄为17岁。

秦人傅籍后，就要承担各种名目的徭役和兵役。成年男女每年要完成一个月的徭役，称为“更卒”，主要在本县或外地从事各种土木工程建筑或修缮，对所从事的修建工程要保修一年。以一年为服役期限的，称为正卒之役，在《秦律》中多称为“戍”。戍卒除了戍守外，也得从事各种建筑工程，对工程的保修期也为一年。

秦朝田租、口赋和力役虽有既定制度，但秦朝的统治具有急政暴虐的特色，赋役征调不可能依法而行。“赋敛愈重，戍徭无已”的横征暴敛做法遂成为秦王朝短命的加速器。

 汉代的轻租与重赋

汉代沿袭战国之制，“赋”与“税”仍是泾渭分

明的两类税种。汉代公私文献中的“田租”、“租税”，指的都是“税”即田税，与私人地主向佃农征收的田租性质不同。

西汉建立之初，就把“轻田租”作为“与民休息”的一项重要措施，采取十五税一的税率。文帝时，不时以减田租之半作为劝农措施，甚至取消田税之征。自景帝后，“三十税一”就成了西汉征收田税的法定税率，不再更改。东汉光武帝即位之初，曾因急需战费而改行“什一之税”，但旋即又恢复了三十税一的汉家经常之制。

两汉田税虽然在法令上都采用比例税率，实际征收时却具有定额化的倾向。各地税亩定额的确定当类似于孟子所说的“贡”法，取数年间的平均亩产量乘以1/30。章帝建初三年（78年），将田分为上中下三品，使实际存在的田税定额化事实具有了合法性质，并使各地的田税亩额各自统一成据地力差别（实亦即亩产量）而定的三级差额，趋于合理。这为后来曹魏正式颁布统一的田税亩定额奠定了基础。

汉代对田税有“灾免”规定，并逐步采用量化标准。成帝建始元年（前32年）规定灾伤损失十分之四以上，免收田租。鸿嘉四年（前17年）又在原有规定的基础上增加了“民赀不满三万”之条。绥和二年（前7年）又将灾免田税的资产标准提高到10万钱以下。东汉的灾免田租规定有所变化：其一，灾伤不满十分之四者，按实际灾伤分数减收田租；其二，减免标准单一化，只根据农作物受灾的实际程度而定，不再考虑灾民的贫富差别。

与轻租相比，汉代以人口为征税对象的“赋”不仅名目不少，而且税额有加重的趋势。

算赋。民年15~56岁出赋钱，每人120钱为一“算”，作为治库兵车马之费。不过，汉朝对征收算赋还别有用意，如商人、奴婢要倍算；女子年15~30岁不嫁，五算，显然是为了重农抑商、促进人口增殖。文帝时曾将一算由120钱减为40钱。武帝时又恢复旧制。其后虽有临时性、地区性的减免，但基本上稳定为“人出一算，算百二十钱”。

口赋。最初民年7~14岁出口赋钱，每人20钱，作为天子食钱。武帝时增加3钱，以补车骑马之费，并且将口赋的起征年龄降至3岁。至元帝时又恢复7岁起征口赋的旧制。东汉沿承西汉后期之制，但至东汉末年，竟将口赋起征年龄降至1岁。

更赋。更赋是由更役的代役钱演变而来的一项正赋，目前学界或认为是“践更”的代役钱，即出钱2000文可免一年一个月的“卒更”；或认为是“过更”的代役钱，即出钱300文可免一年三日的戍边义务。从诸家解释及文献记载看，后者更为可信。承担过更之役者不可能人人每年亲往戍边三日，可出钱300文入官，由官府再给代戍者。其收入的兑现必须通过官府，而且在货币总量上收大于支，“过更”实际上成了国家财政的一项固定收入。由此完全可以演变为一项单独开征的正税，也才有皇帝蠲免更赋之举。“践更”的收支关系只存在于雇者与代役者之间，收付数量对应，对国家财政来说不构成收入，自然不能演化为正税，皇帝也没有可能将这种代役金蠲免。

户赋与军赋。汉人有提及“户赋”者，语焉不详。有学者认为户赋即是军赋，是在发生战争的特殊情况下临时加征的军赋。户赋具有资产税特征，也可能采用“口敛”形式，故称“户赋口敛”。这种军赋加派具有临时性、突发性，故对编户齐民的危害很大。

汉代的其他赋税

除田税、赋钱外，汉朝也课征关税、市租、渔税等多种名目的赋税，其中对当时社会经济生活产生较大影响的主要有盐钱之税、算缗钱、假税等。

盐铁之税。汉初，弛山泽之禁，随之而来的是民营盐铁的兴旺。对于民营盐铁，政府要课征税收，其收入归少府掌管，属帝室财政收入的一部分。武帝时实行盐铁官营，官产官销，完全排斥私商参与。政府通过“寓税于价”即通过专卖加价这一比较隐蔽的形式，取得比直接课税更为丰厚的财政收入。盐铁官营虽存在一些弊病，并受到过激烈的抨击，但因专卖收入对于财政收入至关重要，西汉政府一直加以推行，至王莽时期仍是如此。东汉时，盐铁或官营，或民营，数有变更，但总的来看，东汉因地方割据势力发展迅速，朝廷重弛山海之禁，盐铁之利多为地方豪强所占有。

算缗钱。算缗钱是汉武帝采取的摧抑商人兼并势力的一项税收政策，其课税对象或认为是工商业者的货币资本部分，或认为是工商业者的全部财物（包括货币和货物）。然而，算缗钱是在商贾囤积居奇之风盛行的背景下实施的，不大可能只局限于以现金部分为计征对象，应包括货物在内。算缗钱的计征最初还采取自行申报的形式，但富商大贾多不合作；于是又采取“告缗”，允许告发隐匿财产者，并以其财产之半赏赐告者，导致中等以上商贾大多破家失业。

假税。假税作为一个独立的税名，始见于东汉和帝时期，是把“官有”或名属皇帝私有（由少府管辖）的山林陂池之类的自然资源解禁，让百姓渔采时所征收的一个税种。其性质类似于现代的资源税，在某些灾荒年份可予免征。但这个税项的存在当由来已久，文帝时即曾“弛山泽之禁”，不可能是完全无偿的，当有所征税。今人有把“公田转假”的收入也概括为“假税”的名称，但与汉代实际存在的“假税”不属于同一性质。

4 汉代的徭役制度

汉代的徭役有如下几大类：

“更卒”徭役。汉代不论男女，达到“始傅”年龄后，每人每年要在本郡县服一个月的徭役，称为“更卒”。

“正卒”之役。正卒是相对更卒而言的，民达到始傅年龄后要服正卒之役，先是在本郡县充当一年的材官（步兵）、车骑（骑兵）或楼船（水军），接受军事训练。服役期满后，再行征调赴京师，在宫廷和其他中央各官府充当卫士。

“屯戍”之役。屯戍也称“戍边”、“徭戍”，就是到边境防戍，其法定年限也是一年，但在特殊情况下可延期半年。戍边正卒又根据具体分工的不同，被区分为鄣卒（守卫烽燧台者）、屯田卒、河渠卒等名目。

汉朝还有免役规定。一类属于身份性优免，主要享受对象为贵族与高级官僚家庭。另一类是通过经济力量“买复”，即通过买爵至“五大夫”以上者而获得免役权。当然，有能力“买复”者多数是富商和豪强地主。此外，还有一些临时性免役规定。因此，汉代徭役负担主要落在农民肩上。

四 魏晋南北朝的租调力役制度

1 户调制的起源

汉魏之际，曹操颁布了今人称为“租调令”的命令，引起赋役制度发生了重大变化：第一，田租的征收由三十税一的比例税改为每亩四升的定额税；第二，“户出绢二匹、绵二斤”成为正税的重要组成部分；第三，规定除田租与户出绵绢外，“不得擅兴发”。

曹操的租调令虽然尚未将按户征收的绵绢正式定名为“户调”，但它征收的内容与征收原则已同于西晋以降的“户调”，所以，仍可将它看做户调制的发端。户调制一词中的“调”字，出自汉代，属于财政调度的范畴，但又不完全局限于财政调度。当政府财政入不敷出，被调地区或部门既无物可调，又无赋钱市买时，大司农的调度便成为一种额外的加征，成为一种具有横赋敛性质的“横调”。

横调的出现，不晚于王莽时期，到东汉，情况更加严重。最初的横调还只是偶尔为之，或是调钱、调谷，或是调绵帛、调车马，内容不固定，数额也因时因地而异。但到后来，调的名目越来越多，横调越来越经常，与横赋敛一起成为民户的经常性负担，并常有临时放免之举，表明此时的调无论对政府来说，还是对民户而言，都带有赋税性质。但横调仍不同于正式赋税，更不同于常税，因为它没有通行全国的税则、税率或税额。汉魏之际，又出现“户调”之名，所征绵绢在曹操统治地区已带有普遍性。它虽具备税的若干特点，但仍取“调”的名义，因而还不能看做正税、常税。

曹操的租调令正式确认将过去的口钱、算赋和各种横赋敛归并为“户出绢二匹、绵二斤”，与“田租亩四升”一起正式成为常税。由于横调、横赋敛通常都是计户资征发，所以在曹操的租调令中，绵绢一色仍按户征收。

 户调与丁调

（1）西晋户调令式

西晋于泰始四年（268 年）正式颁行新律令，其中有“户调令”之名，表明户调已成为当时常税的正式名称。西晋平吴后，又对泰始四年的户调令做了若干补充、修改。其主要内容和特点为：第一，调绵、绢虽按户征收，但仍计及丁中情况。丁男之户，岁输绢三匹、绵三斤；丁女之户与次丁男之户，岁输绢一匹二丈、绵一斤半；全无丁男、丁女、次丁男之户，免课。第二，诸侯封户，户出绢一匹为诸侯秩，绵则不给。所余调绢（户

二匹）与全部应纳之调绵皆输入于官。诸侯食调绢三分之一，此属中央政权与诸侯封家财政分割范畴，基本上不影响民户的实际负担。第三，绵绢可用缣、布折纳，绵也可以绢折纳。折纳有地域限制。第四，户调的定额只是一种平均数，借以计算各州郡县乡应纳户调总额。实际征收时则要根据各户户赀的多寡（亦即户等的高低）予以调整，这就是所谓的“九品相通”。

（2）东晋南朝的户调、丁调

东晋与南朝的宋、齐，因户调以纳布为主，所以通常称为“税布”。东晋与刘宋时期，调与田租多连称为“租布”。南齐时，户调与田租连称，或为“租布”，或为“租调”。东晋至宋、齐的户调额，仍沿西晋之旧。梁、陈课调制发生了重大变化：第一，由户调变为丁调。两晋课调虽有丁男、丁女、次丁男之户的区别，但那是以户计，至于一户之内有多少丁男、丁女、次丁男，则不予计较。梁、陈课调完全以丁计，若一户之内有二丁男一丁女，就要纳二丁男一丁女之课。第二，废除计赀定调，因而也取消了课调的贫富相通原则。第三，禄秩绵绢作为调的附加，已经定额化，且有并入正税的趋势。

（3）北朝的户调与丁调

十六国时期大体上仍继续实行户调制，但其定额时有变化，征敛方法也不尽同于曹魏、西晋。北魏前期的诏令经常提到“租赋”、“赀赋”、“赀调”、“调役”，无疑都包括户调。而“赀赋”、“赀调”之名称又表明这时的户调仍然是计赀定课。太和八年（484年）六月以前，户调额为帛二匹、絮二斤、丝一斤，户调的附加为户出帛一匹二丈；太和八年六月以后，户调帛增至五匹，户调附加增至二匹。太和八年增税前后，都实行九品混通。

太和十年（486 年），与推行三长制同时，又颁行新的租调制。新制与旧制相比，有如下变化：第一，调外费、禄绢、禄粟等并入正课。第二，户调额较以前有大幅度的降低。改革前，一丁之小户的户调额及附加达到帛七匹。改革后，一夫一妇之户，户调额仅为绢一匹、绵八两。第三，租调制开始与均田制挂钩。租调制中有租粟与调绵绢两色，均田制下的应受田也就分为桑（麻）田与露田两种。太和十年颁行新租调制时，又将应受田的男夫、妇人、奴婢、丁牛规定为应纳租调对象，说明立法者的意图是将均田制与租调制联系起来。但新的租调制是按户（一夫一妇）、按丁（未婚男丁）征租调，完全不考虑已受田的有无与多寡，所以在具体实施时，租调制与均田制经常脱节。第四，取消了九品混通法。实行均田制与新定租调制前，虽有九品混通的明确规定，但多流于形式。新的租调制形式上既以均田制的实施这一假定为前提，其定额又比过去大为降低，因而也就没有必要继续保留九品混通。第五，太和八年的租调以户计征，不论是丁男之户，或丁女之户，也不论是一户一丁，或者是一户多丁，都算一户。太和十年的租调制，大体上按户，以一夫一妇为纳租调的基准单位，但又不完全按户，未婚丁男（包括一夫一妇家庭中的未婚丁男）也要计丁纳租调。太和十年租调制的这一特点，可以说已包含有由户调向丁调转化的因素。

太和十年制定的租调制，在东、西魏分裂之前，可能有过较大规模的修改，如“未娶者输半床租调”，表明户调制已开始由太和十年的大体上按户向基本上按丁转化，而此变革后的令制又分别为东魏、西魏所继承。

西魏、北周更代之际，对租调制度又有所修改，北齐也于河清三年（564 年）更定均田、租赋之制。更改的结果是：北齐、北周的租调制虽然仍以一夫一妇（有室者）为纳租调的基准单位，但按丁纳租调的倾向更为明显；就调绵绢布麻而言，北齐、北周也都不再实行九品混通。

纵观北朝调绵绢（或布麻）制度的变化，大体上可归纳为两点：一是调绵绢布麻的定额呈下降趋势；二是由户调逐渐向丁调转化。

3 田租与税米

（1）曹魏、西晋、北朝的田租

曹魏时期的田租“亩四升”，一方面改比例税为定额税，另一方面将刍、稿等附加并入正租。

西晋时期的田租，目前仅见唐人徐坚《初学记》引《晋故事》的记载，因其中文字存在脱漏错讹，引起很多争论。按照“凡民丁课田，夫五十亩，收租四斛”，每亩的田租为八升，而“凡属诸侯，皆减租谷亩一斗”，二者必有一误。

十六国时期，各少数民族政权多承袭魏晋租调制度，而又有所变化。石勒占领幽、冀等州时，所征田租基于户，每户二斛。成汉李雄政权所征田租基于丁，男丁每岁谷三斛，女丁半之。其他政权虽然常有征收或减免田租的记载，但其租额及征敛办法都不得而知。

北魏政权进入中原伊始，便开始征收田租，但租额不详。北魏初的田租与户资有关，其田租基于户，而不是基于丁。一种可能是由户资确定户等，由户等确定租额；另一种可能是实行九品混通。太和八年（484 年）前的一段时间，田租也是采取九品混通之法，每户调粟二十石。太和八年每户增粟二石九斗，作为官司之禄。至太和十年改订租调制时，租额才大幅度降低：一夫一妇，粟二石；未娶丁男，粟五斗；任耕织的奴婢粟二斗五升；耕牛，粟一斗。不再实行九品混通。到熙平、神龟年间（516～520 年），租额可能又有变动。大体采用北魏后期令制的西魏大统十三年（547 年）计帐户籍文书显示，至迟于西魏，即按户等确定租额，但不实行九品混通，上户一丁二石，中户一丁一石七斗五升，下户一丁一石。除课户缴纳田租外，又有不课户应纳的所谓“税租”，其征纳对象不同于田租，不是田租的附加。

北周的田租制度，见于记载极为简略：有室者（一夫一妇）粟五斛，单丁二斛五斗；丰年全赋，中年交一半，下年交三分之一。但是否保留户等？是否仍有税租？史载不详。

北齐的田租，从广义上讲，分垦租、义租两种。一夫一妇垦租二石，义租五斗；奴婢准良人之半；牛垦租一斗，义租五升。义租纳郡，名义上是备荒，实际上却类似于地方财政收入。州郡初置富民仓时以义租充本，但义租收入并不是全部充富民仓。所以北齐的义租与后世的义仓不是一回事。垦租送尚书台，属中央财政。从狭义上讲，垦租即田租，义租可视为田租的附加。垦租与义租的征收实际上都是按丁，而不按户等。户等的作用仅在于决定输租的远近。

（2）东晋南朝的田租、税米

东晋初年的田租制度一仍西晋之旧，到咸和五年（330年）以后才屡有变动，其变动的核心是度田，按亩税米。咸和五年，成帝度田，每亩税米三升，折合为谷六升，重于曹魏的亩租四升，轻于西晋的“民丁课田五十亩，收租四斛”。但西晋实行“户调之式”时，江南许多地方尚未充分开发。因而许多地方仍属“边郡”、“远郡”之列。按规定，诸边远郡或输三分之二，或输三分之一。因而从总体上看，实行亩税米三升后，民户的负担是变重而不是变轻，政府的财政收入是增加而不是减少。

咸和以后，东晋政权一再实行“土断”，令侨民就地落籍。经过三番五次的土断，官府对民户（特别是侨户）的控制大为加强，于是于太元二年（377年）改度田收租为计口税米，“王公以下口税三斛”。太元八年（383年）又增税米，“口五石”。如此高额的田租应该是区分男女老少，不应是一律计口税米。可能的做法应是计丁口（包括男丁与女丁）输租，丁女之租应轻于丁男。

南朝的田租制度大体上仍沿袭东晋后期的计丁输

租办法，不知从何时起，又有“禄米”的附加。但不迟于宋、齐之际便有了“三调”（租、绢布丝绵、禄秩）之说，而禄秩包括禄绢、禄绵和禄米。南朝丁男调租米五石，其数正与东晋太元八年规定相同，这当是东晋后期定制，而为刘宋以后所沿用。

梁、陈于租米、禄米之外，是否又有“田税”附加，不易确定。陈朝“田税”（或为与田土有关的“税”）在诏令中常与“田租”（或“丁租”）并提，可见它不是“田租”的另称，但还不能确定为一般编户齐民常年所纳，因为它或与“检首”（检括或自首）民户有关，或与徕民垦荒有关。陈朝还有“军粮”，可以予先放免，说明它已是一种常税，是一种为供军而增立的田租的附加税。

4 横调、横赋敛

（1）魏晋、十六国、北朝的横调、横赋敛

建安九年（204 年），调由横转为正，与原先的口钱、算赋等合并为调绵绢时曾规定，除田租与调绵绢外，“他不得擅兴发”。但实际上，横调与其他横赋敛并未根绝。

建安十六年（211 年）后，颜斐为京兆太守，为郡学致薪，令课民当输租时，车牛各因便致薪两束。此举立意很好，但从赋役制度上讲，却不能不说是一种正税之外的横赋敛。曹魏时，这类横调、横赋敛还比较罕见，西晋以后就越来越多。西晋时有所谓“御调”，孙吴时“所调猥多”。

十六国时期，战乱频仍，横调、横赋敛更是在所难免。后赵石虎，曾令征士兵五人，要另征车一乘、牛二头，米各十五斛，绢十匹；还曾收百姓马四万余匹入于公，发百姓牛二万余头配朔州牧官。前秦苻坚在淝水之战前，悉发诸州公私马。

北魏前期，经常横调、横赋敛，都是为军国急需而临时征发，数额极高，远远超出一般民户的承受能力。除了不定额的临时征调外，还有常年征收的定额的“杂调”。高宗时有“常赋之外杂调十五”。太和八年班禄前后的“调外帛”，虽然不等于常赋的十分之五，但仍然有定额。不知从何时起，北魏又加征所谓“军粮”。征收“军粮”带有普遍性，很可能还有定额。总的来说，北魏太和十年（486 年）立三长、改订租调制后，横调、横赋敛比以前大为减少。但至北魏末年，战争连绵、政道凌夷，横调、横赋敛又日趋增多。

东魏、北齐、西魏、北周，有关横调、横赋敛的记载不多。但从北周建德元年（572 年）三月诏“顷兴造无度，征发不已……自今正调以外，无妄征发”和北齐末年“所在征税，百端俱起”看，其时横调、横赋敛一定是很常有的。

（2）东晋南朝的横调、横赋敛

东晋南朝的横调、横赋敛，名目繁多，所调内容有奴婢僮客、工巧、绵绢、车牛驴马、米麦、杂物等。此外还有许多史书虽未为书为“调”，但实际上仍属横调、横赋敛者，如东晋的“丁税”，东晋、南朝宋的

“修城钱”，南齐的“桥桁、塘丁”钱，陈朝的“望订租调”等。东晋南朝横调名目甚多，因而有“赋调云起”、“百端输调”之说。凡史书称为“杂调”、“众调”、“横调”、“军调”者，皆属横调。这类横调原先多半是临时的，但久而久之，也就成为常典。

东晋南朝的横调，有些系中央调发，其蠲改与否由中央决定。由于东晋南朝中央集权相对衰弱，军府与州郡长官常常自行征调。如刘宋时期，沈攸之任郢州刺史，“赋敛严苦，征发无度”。陈朝陈褒任合州刺史，“遣使就渚敛鱼，又令人于六郡乞米”。也有一些地方守宰以薄赋省役见称。如刘宋时，王弘任江州刺史，“省赋简役”。梁天监中，夏侯亶任豫、南豫二州刺史，“省刑薄赋，务农省役”。梁陈之际，姚察任原乡令，“轻其赋役”。由于军将与地方守宰通常并无自行减免正赋正役之权，这些减省之赋役都是就正赋正役之外的横调、横赋敛而言。东晋南朝，州郡长吏除秩俸外，还有所谓“迎新”、“送故”、“杂供给”等，其中有些项目得到朝廷认可，并有旧典可循，有些则是地方守宰随土所出，并无定准。

总之，东晋南朝横调、横赋敛名目繁多，民户的横调、横赋敛负担，往往甚于正调。

5 工商杂税

(1) 魏晋南朝的工商杂税

魏晋时期，与商业有关的各种赋税大体上都得到保留。关津之税征之于行商，曹丕曾减关津之税税率为十分之一，孙吴关津之税税率不详，司马炎曾免关市之税一年，而后又照旧征收。与关津之税不同，市租征之于坐贾，具有营业税性质，也许还有租用市肆店铺租金性质。

魏、蜀、吴对盐铁都恢复专卖或部分专卖。曹操早在建安四年（199年）即派人监盐官，建安十年（205年）置司金中郎将，专掌冶铁。曹魏的冶铁虽然主要由官府手工业控制，但私人锻铁、贩铁的情况仍然存在。蜀汉也置司金中郎将，典作农战之器；又设盐府校尉，或称司盐校尉，较盐铁之利。孙吴设司盐校尉与冶令、冶丞，不设司金中郎将，盐铁之利成为孙吴政府财政收入的重要组成部分。

除盐铁之外，曹魏专卖的范围还曾扩及苦酒（醋或劣酒）与胡粉（铅粉），时间不迟于魏文帝时。孙吴也曾实行酒专卖，时间始于赤乌初。蜀汉酒禁甚严，并未实行专卖。

西晋江北铁冶由掌宫门屯卫的卫尉兼领，江南梅根（今安徽贵池）、和塘（今武昌）二冶不属卫尉而属扬州。南朝的铁冶则隶属于少府。诸铁冶除铸造兵器外，还铸造农具与民间生活器具。梁武帝时沉于浮山堰的数千斤铁器，就是东西二冶所铸。东晋南朝，除官营冶铁业外，私营冶铁业也占相当比重。西晋盐禁很严，对私煮盐者施以重刑。东晋以后，也未见明令取消盐禁，但民间煮盐现象却很普遍。

东晋南朝，视商税为利薮，往往收取重税。当时的市租有时也称为“市税”，淮水北有大市百余，备置官司，“税敛既重，时甚苦之”。东晋祖逖镇豫州，与后赵互市，收利十倍。刘裕代晋时，曾以“市税繁苦，优量减降”。但到宋齐之际，市税又趋繁苛。梁武帝曾有减税之诏，不知是否付诸实施。侯景作乱时，仍将悉停关市征税作为争取民心的一项重要措施。关津之税也相当苛重。建康有石头津和方山津，货物通过税达10%，实为过去所少见。关津之税外，还有所谓“桁渡税”和“牛埭税”。桁渡为浮渡桥，搭浮桥需要经费，最初的桁渡费即为此而设，只是其税率不一定为十分之一而已。牛埭为筑水闸堰水，提高水位，借牛力牵船。设牛埭的目的是方便商旅，收点费用也是为了保证牛埭得以正常营运。久而久之，牛埭费也成为一种税，与关津之税无异。

东晋南朝继续征收渔税。渔税不是征之于市，而是征之于鱼池或其他产鱼场所。这种渔税很可能是由川泽假税发展而来，不全是商品税。但因鱼类产品多数成为商品，所以渔税多少带有特种产品税性质。南朝渔税常采取包税制，齐梁之际，萧颖达就曾请求以一年50万承包丹阳鱼典税（此前丹阳鱼典税由邓僧琰承包）。

除市税与关津之税外，东晋南朝还新增一种商品交易税，时称为“估税”。奴婢、马牛、田宅等交易，价格昂贵，且极易导致争端，所以规定应由官方主持交易，立文券为凭。因此，买卖双方合纳4%的估税，便兼有商品交易税与契约税双重性质。其他商品的交易，不立文券，但也按4%的税率纳税，这种税就纯粹是商品交易税。

（2）北朝的工商杂税

北朝铁冶以官营为主。金、银、铜等也是以官营为主，但有时也曾罢禁，允许百姓开采。官营的农器具多由官商销售。罢诸官商后，则多数通过私商销售，官收专卖税。

河东盐池最初是设立官司，收取税利，也就是盐户制盐，商销，官收专卖税。北魏献文帝以后，有时开盐池之禁，有时又收盐利入公。北周设掌盐，实行盐禁，百姓取盐，则收取税利。因为盐利甚厚，政府与豪强争夺盐利的斗争就异常激烈，盐池的旋罢旋复，也反映了这一矛盾。东魏曾于沧、瀛、幽、青四州煮海水为盐，除政府自用外，多数海盐也应是用于专卖。

北朝在北齐天保八年（557年）以后曾一度实行榷酤，但时间不长。北周末年也曾官置酒坊收利，只许官酿官销，不许民间私酿私销。北朝实行酒专卖的时间很短，通常是允许民间酿酒销售。有时也实行酒禁，目的主要是为了节省粮食。在开酒禁时期，酿酒酤酒应纳酒税。

十六国时期，北方一些政权曾征关津之税，如后秦姚兴，就曾因国用不足而增加关津之税，盐、竹、山木皆征税。但也有一些政权（如前凉）不征关津之税。北魏时期有很长一段时间因商业不发达，不征关市之税。至孝昌二年（526年），因镇压六镇起义，费用浩繁，不得不分店舍为五等而征税。此税应属市租范畴，与前代的“市租”有渊源关系。至于入市者每人征税一钱，则是北魏政权新创。这种税虽然与“市”有关，但它并非商税，与以往的“市税”、“市租”，性质全然不同，实质上应属横赋敛范围。北魏节闵帝普泰元年（531 年），市税与盐税并除。北魏分裂后，北齐于武平六年（575 年）恢复税关市。北周也曾短暂恢复每人一钱的入市税。总的来说，北朝的关市之税并非经常征收。即使征收关市之税，其在政府的整个财政收入中所占比重也很小。

6 正役与杂徭

（1）一般民户的正役

魏晋南北朝时期各朝都有力役之征。魏、蜀、吴三国的役龄未见明确记载，西晋平吴之后的役龄分别是：男女年 16 岁以上至 60 岁为正丁；15 岁以下至 12 岁，60 岁以上至 65 岁为次丁；12 岁以下、66 岁以上免役。东晋的役龄大体与西晋相同，至刘宋元嘉八年（431 年）前后，次丁的上限推迟至 16 岁，正丁的上限推迟至 17 岁。至梁、陈时期，又改为 18 ~ 60 岁为正丁，16 ~ 17 岁、61 ~ 65 岁为半丁。女以嫁者为丁，若在室者，年 20 岁为丁。与宋孝武帝定制相比，男丁丁年的上限又往后推迟一年。

十六国与北魏太和九年（485 年）以前的丁中制度未见明确记载。太和九年前后，11 岁至 14 岁为中男，15 岁成丁，70 岁免老。但不知自何时起，丁男的上限推迟到18岁。北齐服力役的役龄为18~60岁，服兵役的役龄为20~60岁，与丁龄（18~65岁）都不完全相同，是比较特殊的。北周的丁中制度未见明文记载，但丁年可能为18~64岁，役龄可能为18~59岁。

综观魏晋南北朝整个历史时期，役龄的上限呈推迟趋势，役龄的下限呈提前趋势。但总的来说，役龄仍然很长。

曹魏力役的役期，未见明确记载，但可以肯定，当时兴作甚多，力役负担较重，因而有"百役"之称。曹魏征发力役常无明确的更代制度，但征发的规模一般还不大，京师一带役作者通常不超过三四万人。西晋初年，天下无事，赋税均平，力役之征可能相对较轻。但八王之乱后，力役之征又变得十分苛重，太安二年（303年），司马乂集团曾令13岁以上男子皆从役。

十六国时期，力役之征轻重不一，但多数都比较苛重。后赵、前燕、前秦分别实行过三丁取一、五丁取二的所谓"三五发卒"、"三五占兵"、"三五取丁"制度。力役之苛重不仅引起民众怨声载道，而且导致服役者逃亡相继、死亡相属。

北魏前期土木营建的规模一般不太大，役期也不长，很可能为30天。对民户来说，输租之役也很繁重。北魏迁洛以前，民户常应输租至平城。献文帝皇兴三年（469年）后的输租之制规定上三品户租输京师，实际上应输租入京师者并不限于上三品户。由于路途遥远，远近大为困弊。北魏前期的兵役通常由鲜卑各部与其他少数民族承担，而汉族百姓则常被征发充运。北魏太和年间实行政治、经济改革后，转运之役依然较重，并常征发汉族百姓从戎。由于当时的兵役、运输之役较为沉重，造成了严重后果，“死丧离旷，十室而九”，“通原遥畛，田芜罕耕”。至于其他力役，北魏统治者还算较有节制。孝文帝、宣武帝时期，大规模的土木营建很少，规模较大的是迁洛后的重建洛阳。孝文帝、宣武帝对于重建洛阳，并不急于求成，因而整个工期长达40年。由于工期长，所以征用民力就不会很集中。

北魏分裂后，东魏、北齐征役更为频繁，规模也很大。如营建邺都，天平二年（535年）八月，发众76000人营新宫；兴和元年（539年）九月，发畿内民夫10万人城邺城；天保九年（558年），发丁匠30余万营三台于邺下。又如修长城之役，从武定元年（543年）至天保八年，修了十几年，最初仅征发民夫5万，至天保六年（555年）竟征发民夫180万。役期或40天，或35天，都超过一个月。北齐末年，更是兴作不息，以至于“夜则以火照作，寒则以汤为泥，百工困穷，无时休息。……人牛死者不可胜计”。

西魏、北周与东魏、北齐对峙，战事频繁，兵役与其他徭役自然不轻，但统治者还比较注意调整民户的赋役负担。西魏大统元年（535年）宇文泰主持制定的二十四条新制，就注意到“戎役屡兴，民吏劳弊”问题。后来，宇文泰支持苏绰提出的《六条诏书》，其

第六条《均赋役》更要求地方守宰要避免贫弱重徭而远戍、富强者轻使而近防。周武帝时，曾决定“自今正调以外，无妄征发”。西魏、北周征发力役的役期比较固定。最初是每年服役两个月，魏周之际宇文泰创制六官时规定，力役（不含兵役）的役期应随丰歉随时变动，最多不过一个月。但实际上，力役之征很难做到以丰补歉，上述规定未能兑现，而继续实行定期更代的番役制。周宣帝虽然奢侈荒暴，但营洛阳之役，常役仅 4 万人，兵民役期一个半月，还不算太苛重。总的来说，北魏、西魏、北周，力役之征相对有节制，且呈减轻趋势。

东晋南朝的法定役期，梁、陈比较明确，男丁每年役期不过 20 天。东晋南朝，民丁被征发从事大规模土木工程的事例比较少见，通常只是小规模工程，包括水利工程。相比之下，兵役与运役较为繁重。兵役通常由兵户承担，有时也进行募兵。但这两种兵源往往满足不了大规模战争的需要，因而每当有大的军事行动，都要临时征调民丁服兵役。运输之役主要是输租调。按规定，州郡县禄米、绢、布、丝、绵，在当处输往台传仓库，其中一部分还应输往京师。军粮的转运，通常由士兵承担，但在战时，也常征调民力承运。

东晋南朝，有时甚至役及妇女。这种现象的出现，除力役繁重因素外，或许还与在籍户口不多有关。

（2）“杂徭”与诸色人户之役

魏晋南北朝除一般民户承担的正役外，还有两种役：一种是州县编户于正役之外所承担的力役；一种是州县编户之外其他人户所承担的各种力役。

魏晋南北朝的户籍制度中常有丁男与次丁男之别。丁男服全役，次丁男服半役，这是法制规定的主要徭役。正役与半役的使用形式多种多样，包括土木工程充作、转运，以及充当禄恤、白直、路都等。超出法制规定范围的滥役，并不鲜见。但这种滥役，当时并不一定称为“杂徭”、“杂役”。传世文献中称为“杂徭”、“杂役”以及“众役”、“百役”者，有许多属于丁男正役、次丁男半役范畴。

魏晋南北朝时期，不同于州县一般编户的特殊人户，是一个重要问题。这一时期此类人户为数颇多，于国家财政、社会经济，以及对州县一般编户的赋役负担，都有很大影响。这类特殊人户，有的长期存在，有的仅短期存在，变动不定。他们的身份地位也常有变动，总的来说，都低于一般民户，赋役负担也比一般民户重。

魏晋南北朝多数实行世兵制，因而便有“兵户”这种特殊人户。“兵户”有时也称为“军户”。兵户子弟世代为兵为吏。兵户有专门的户籍，不同于一般民户。兵户须放免，才能成为民户。反之，吏民犯科，也常被谪补为兵。兵户的数额很大，甚至可能超过总户数的10%。

曹魏实行错役制度，士兵戍守四方，士兵家属作为人质，集中在冀州、洛阳等地区，实行屯田。孙吴的士兵家属则多随军屯田，附籍于军营。但当时的士兵家属称为“兵户”，而不称为“营户”。至十六国时期才正式出现“营户”这一名称。南北朝时也有许多“营户”，他们多数是被征服者。营户的来源虽然各不相同，但他们有一共同点，就是按军事编制，隶属于军营。他们的身份地位比一般民户低，属于杂户范畴，须经放免，才能转化为一般平民。

后秦的兵户，有时也称为“堡户”，但更多的场合则称为“镇户”、“镇人”。后秦的“堡户”，因作为军事据点的诸“堡”而得名；镇户则因军镇而得名。“堡户”、“镇户”虽然也是军户，但其身份地位是否同于其时的“四军杂户”，还不清楚。

北魏留守北边诸镇的“镇民”，与戍守南境州镇的“城民”，也是籍入军贯的府户（军户），他们主要来自鲜卑诸部，也有征发而来的中原强宗子弟，还有流配的罪犯。由于来源不同，他们的身份地位也就不可能一样。因罪徙而成为镇民者，其身份地位应同于（或近于）杂户。来自鲜卑诸部的多数镇民，虽然存在阶级分化，但与杂户终究有所不同。六镇起义后，孝明帝宣布，诸州镇军贯原非罪犯流配者，悉免为民。此后，“镇民”这一名称便逐步消失。

至西魏北周，实行府兵制。府兵及其家属不入州县户贯，实际上也是军户（兵户）。但府兵的社会地位较高，与魏晋南朝的兵户不可同日而语。

尽管魏晋南北朝各个时期的兵户（军户、营户、镇户、府户），身份地位各不相同，但兵户世代服兵役的基本特点是相同的。

魏晋南北朝都有吏户，吏、民分别造籍，世代为吏，不得混同于一般民户。吏有职吏与散吏之分。职吏主要是服公务劳役，有比较固定的职责；散吏无固定职事，临时派差。三国、西晋，吏的数量已经很多。而至东晋南朝，吏员更是急剧膨胀。在众多的吏员中，真正从事吏职公务的很少，大多数的吏被官府当做劳动力使用，或用于营种公田，犹如国家佃农；或用于土木营筑；或就役于官僚家庭，犹如僮仆奴客。

除兵户、吏户外，魏晋南北朝的特殊人户还有屯户、百工户、滂户、佛图户、僧祇户、细茧户、罗縠户、牧户、金户、银户、乐户、驿户等。不再一一细说。

魏晋南北朝时期的特种人户，因为种类甚多，有“百杂之户”之说。特殊人户在全国总户口数中所占的比重，更非前后朝代所能比拟。大多数特殊人户是为官府提供特种劳役者，如兵、吏户提供兵役、吏役，屯户、牧户提供农牧劳役，驿户提供传置劳役等；有的特种人户，如金户、银户、细茧户、罗縠户等，则是为政府提供某种特种产品。特种人户对一般编户齐民赋役负担的影响主要有两方面：其一，由于特种人户提供的劳役在政府的力役需求中占有相当大的比重，因而也就相应减轻了一般编户齐民的某些特定力役（如兵役、吏役等）负担；其二，由于特种人户在总户口数中占相当比重，因而也就相应减少了租调役的人数，从而直接影响到政府的财政收入，并间接影响政府对一般民户所应负担的租调役定额的确定。

五　隋与唐前期的租庸调制与其他赋役制度

1　唐朝的户籍制度与户等制度

唐朝每年一造计帐，三年一造户籍。造户籍前，先要民户呈“手实”，然后由里正“收手实，造籍书”，里集于乡，乡呈县，县呈州，州呈尚书户部。

唐前期的手实，家口的记事与田土的记事并重。家口必须注明其丁中，田土则必须注明应受田数与已受田数，每段田土还要注明是永业田，还是口分田。唐后期，均田制名实俱亡，赋役制度也起了很大变化，因而手实的格式也相应发生了变化。家口只记姓名、年龄，不注丁中，田籍部分不再有应受田数，也不再有永业田与口分田之分。

户籍的格式与手实相似，所不同者主要是删去手实中保证没有虚妄的牒文。此外，里正也会对民户呈送的手实进行核实，如有不实，编户籍时自应加以纠正。如果是勋官、职事官等，户籍上往往要注明何时所授。有时还注曾祖、祖、父之名，新生、死亡、逃亡、括附、漏附、貌阅后的年状增减就实、三疾等等，也悉加脚注。

不同时期的户籍，所记内容也不尽相同。开元以前的户籍多数记有“计布若干”、“计麻若干”、“计租若干”（各写一行）。开元中的户籍，有的仍保留“计租若干”一行，有的则完全略去集计租调的内容。开元以后的户籍，就完全不见集计租调的内容。开元末以前的户籍不记户等，但要记课否。天宝、大历年间的户籍，既记户等，又记课否。唐末的户籍，户等与课否都不记。大历以前的户籍，家口的记事，一人一行，田土的记事，也是一段（块）一行。唐末的户籍，家口与田土两部分，都不是一人一行、一段地一行。

唐代的计帐，迄今尚未发现。从杜佑《通典》引用的计帐数据看，当时的计帐包括户口数、课口数、租庸调、户税、地税总数与分项折纳数，应受田数、已受田数等等。计帐的核心内容是采集赋役征调依据，编制手实、户籍的目的也都是为了征调赋役。唐律对脱漏户口的惩罚轻重不同，目的也是为了赋役。脱漏女户，处罚最轻，因为女户当时不课，将来也不课。脱漏男口的不课役户，处罚较重，因为此类户当时虽不课，将来随着黄男、小男的长大，仍应课役。脱漏课役户处罚最重，因为它直接影响官府的财政收入。为了保证赋役的征敛，当时又有差科簿、青苗簿、九等定簿等簿籍，与户籍、计帐配合。

唐朝实行九等户制度，定户等的标准是资产，因为资产虽包括土地而又不局限于土地，且其时户籍、手实所登记的“已受田”不包括永业、口分田之外的私田，所以手实、户籍乃至青苗簿仍不足以作为定户等的全部依据，因而必须另有不含田产的财产簿。从吐鲁番出土的文书看，当时用于定户等的财产簿中，车牛、园宅、部曲都是作为定户依据的赀产。

唐代有关户口、田产的簿籍很多，如户籍、计帐、手实、差科簿、青苗簿等，其用途已比较明了。还有一些簿籍，如神龙三年（707年）西州高昌县崇化乡点样籍，性质、用途还不很清楚，但大体上皆与赋役有关。

2 租调力役制向租庸调制的转化

（1）计丁输田租

隋朝制度虽多参考北齐之制，但也有许多变化。丁中制度最大的变化是将丁年的下限由64岁提前到59岁。开皇三年（583年）正月又将丁年的上限由18岁推迟到21岁。隋朝的田租制度是：丁男一床，租粟三石；单丁及仆隶各半之；非应受田之人都不课。炀帝继位，除妇人及奴婢、部曲之课。这是我国古代赋役制度史上的一大变革。从此，妇人在法律上正式由课口变为不课口，其意义自然深远，对民户的赋役负担影响也很大。对于无男丁的贫弱女户，这一变化显然有利。奴婢与部曲，过去本来也不是课口，只是在北朝实行均田制这一特定环境下，为了奖励垦耕，才将奴婢或限内奴婢定为应受田口与课口。在奴婢受田率多有名无实的情况下，将奴婢、部曲改为非应受田口并除其课，显然有利于拥有奴婢、部曲的贵族、官僚、地主。

魏晋南北朝的田租制度经历了许多变化，总的趋势是由计亩输租—计户输租—计丁输租。尽管如此，直到隋开皇初，令式规定的计租的基准单位仍是“室”（“床”），而不是丁。只是由于规定了丁者（未娶妻之丁男）输租为一床之半，计床输租才具有计丁输租的特点。隋炀帝除妇人之课后，“丁女”这一概念终告消失，计租的基准单位才最终由计床而变为计丁。

唐朝于武德二年（619 年）二月初定租、庸、调法，每丁租二石。武德七年（624 年）颁新律令，重申丁租二石，并规定岭南等地以轻税代替租庸调。岭南诸州税米，上户一石二斗，次户八斗，下户六斗；夷獠之户，皆半输。蕃胡内附者，上户丁税钱十文，次户五文，下户免税；内附经二年者，上户丁输羊二口，次户一口，下户三户共一口。

唐朝继续实行均田制。主持修订律令者，仍将《田令》与《赋役令》的有关规定结合起来。丁男应课，也是主要的应授田者；妇女、奴婢、部曲不课，也就不再成为应授田口。就男子应课与应授田的年龄界限而言，两者也基本一致。所不同的是，男子应授田的年龄上限为 18 岁，而其成为课口则自 20 岁始。男子 60 岁入老，仅须退还少量口分田，而其租调役则可全免。尽管立法者的立意是将《田令》与《赋役令》结合起来，但这并不意味着丁租的征收以授田为前提。《赋役令》的规定很明确，一丁租二石，而不管他是否曾受田。

唐朝丁租的租额载入律令，因而非常固定。开元、天宝以前，律令格式迭经修改，但丁租的租额却始终不变。即使是国家财政极端困难之时，或聚敛之臣大肆刻剥之时，也是如此。就全国的大多数地区而言，丁租的租额始终是 2 石。个别地区，或有例外。如唐代西州（今吐鲁番地区），因人多地少，户均垦田不足 10 亩，所以其丁租为每丁 6 斗。但就这些地区而言，丁租的标准也是固定不变的。

唐赋役令规定的每丁租二石，指的是未脱壳的粟。由于未脱壳的粟易于储藏，所以征收田租时，一般都是征收粟。路遥之处，为便于运输，间或也可折成米（粟米），一斛粟折米六斗。无粟之乡，也可输稻、麦等。二斛粟折稻谷三斛，折糙米一斛七斗半。《新唐书·食货志》记唐丁租为每丁岁输粟二斛、稻三斛，即本于此。江南地区的田租，最初是折稻米，后来又改为折布。天宝中天下计帐，江南课丁约 190 多万，折纳布约 570 余万端。

与一般民户丁租有关的各项附加，如脚钱、营窖、加耗等，由于租和庸调、地税等都有此类附加，因而很难区分哪一部分（或多少份额）与丁租有关，哪一部分（或多少份额）仅仅与庸调或地税有关。

唐朝政府对载运租庸杂物等要支付一定标准的运脚，但这些脚钱最终要作为正税租庸调及地税的附加征之于民。脚钱的数额不载于律、令，可能是因时因地而异，还可能与户等有关，大体上仍有上等户输远处，下等户输近处之遗意。脚钱作为田租或庸调的附加，不仅仅用于支付运输费用，它实际上已成为政府的一宗收入，经常被挪作他用。

仓窖税也是田租、地税的附加税，其标准根据输纳田租、地税的多少而定。《唐六典·太仓署》所载的规定是：输米粟二斗，课稿一围；三斛，橛一枚；米二十斛，蘧蒢（用竹或苇编的粗席）一领；粟四十斛，苫一番；麦及其他杂粮的仓窖税与米、粟的标准一样。应该说这是仓窖配备器具的一般标准，实际征纳时，通常应是纳钱于仓，由仓统一购置。

加耗作为田租、地税的附加，也有规定标准。据《唐六典·太仓署》：粟可贮存九年，米、杂粮三年。贮经三年，斛听耗一升，五年以上二升。所以加耗率最低为1%。

脚钱、营窖、加耗大体上都有法律依据。除此之外，还有一些附加税，虽无令式依据，却比较通行。如庸调物所需裹束（包装材料）常折成庸调输纳，运输过程中发生欠折（耗损）要重征，摊逃等。

（2）隋唐的丁调

隋开皇初定制，丁男一床调绢絁一匹、绵三两，或者调布一端、麻三斤；单丁及仆隶各半之。丁男与有家室者的调额与北周大体持平，只是调绵麻略有减轻。应课奴婢的调额则有所提高。开皇三年减调绢一匹为二丈，调布与单丁、仆隶的调也相应减半。炀帝除妇人及奴婢、部曲之课，按床输调也就改为按丁（男丁）输调。

唐武德二年（619年）定制，每丁调绢二丈、绵三两。就调绢绵来说，一丁的调额恰好等于隋开皇三年（583 年）规定的丁男一床的调额。武德二年令只讲调绵绢，不讲布麻，也许是因为当时李唐实际控制的地域仅限于关中一隅之地，而关中地区历来是只纳绵绢，不纳布麻。武德七年（624 年）李唐政权大体上已经统一全国，新颁的赋役令除了重申原有的调额外，特别强调麻乡调麻、布的问题，输布者，每丁布二丈五尺、麻三斤。武德以后，每次修订律令，也都重申了唐初确定的调额，而未做调整。因此可以说，建中元年（780 年）以前，唐代租庸调制下的调额始终不变。

唐令规定：布帛宽一尺八寸、长四丈为匹，布长五丈为端。魏晋时期，绢布宽二尺二寸、长四十尺为匹（端）。北魏时，绢布宽二尺二寸、长四十尺为匹，布六十尺为端。显然，唐代规定的布帛的宽度比西晋、北魏为狭，每端布的长度也较北魏为短。每匹、每端布帛的规格确定后，还存在质量标准问题。最初质量标准未作统一规定，滋生出诸多弊端。唐玄宗开元八年（720 年）规定，征收庸调之物，中央要制作样品，颁给诸州，作为征收的凭据。除了符合规定的尺寸要求外，还要求“好不得过精，恶不得至滥”。

唐朝的庸调可以折纳，主要是折纳米粟，也可以折钱。庸调折钱最初基本上仅限于扬州一带。安史乱起，绢帛米粟的转运发生困难，因而许多地方的庸调折纳成钱，主要集中在江淮荆襄一带。

（3）输庸停防与以庸代役

隋开皇初的正役，每丁每年服役一个月，开皇三年（583 年）减为 20 天，同时丁年的上限也由 18 岁推迟到21岁。开皇十年（590年）规定“百姓年五十者，输庸停防”。“庸”就是以钱、物代役。“输庸停防”就是以钱、物代防戍兵役。

唐于武德七年（624年）颁布的律令，对力役制度有了明确规定：“凡丁，岁役二旬。若不役，则收其庸，每日三尺。”此制与隋朝相比，扩大了取庸代役的范围，既无年龄限制，也无役种限制。唐前期以庸代役十分普遍，所以“租”与“庸”、“调”与“庸”经常连称，并且一丁之“庸”、“调”常被合计为每岁二匹。

唐前期纳庸代役虽然十分普遍，但并不等于说唐前期或开元、天宝中，在全国范围内，20日役制不复存在，实际上唐前期征发现役的事例也很多。正因为如此，开元七年（719年）、二十五年（737年）重修律令时，仍规定：“凡丁岁役二旬（有闰之年加二日）。无事则收其庸，每日三尺（布加五分之一）。有事而加役者，旬有五日免其调，三旬则租调俱免。”不仅保留“丁岁役二旬”之原则规定，而且保留有事加役免租调规定。

要言之，至迟至开元、天宝间，就全国范围而言，征庸代役已极普遍，庸绢布成为官府绢布形态的财政收入之大宗。但就局部地区而言，作为正役的力役仍然存在。通常情况下，庸与正役不并征。

3 户税与地税

(1) 义仓、地税

唐朝的地税由隋朝的义仓发展而来。隋朝开皇五年（585年）创建的“义仓”，营窖于当社，由社司管理，所以又称“社仓”。但到开皇十五年（595年）、十六年（596年），社仓的管理体制便发生了变化。开皇十五年二月，隋文帝令云、夏等11州义仓杂粮并纳本州，遇灾荒少粮，先给杂粮及远年粟。开皇十六年正月，又令秦、叠等26州义仓于当县安置。开皇十六年二月，令社仓按上、中、下三等征税，上户不过一石，中户不过七斗，下户不过四斗。

将社仓置于州司、县司的直接控制之下，固然和社仓散在民间，若管理不善，易散难聚有关；但更重要的原因还在于北境诸州交通不便，州县官仓储粮不多，遇荒年俭岁，难以应付。州县直接控制社仓后，社仓粮可变成国家的战略储备粮，从而大大减轻州县仓的压力。然而这些举措不仅使义仓的性质发生了变化，由官督民办变为官办，而且使义仓粮转化成为或者说已经接近于一种税。但是终隋文帝之世，义仓粮仍仅用于备荒赈灾，仍未失义仓的基本性质。及至炀帝大业年间，义仓仓粮才全被挪充官费，义仓制度被完全破坏。

唐武德元年（618年）诏复社仓，但受有效统治地区狭窄的限制，势难全面恢复。唐太宗贞观二年（628年）采纳戴胄、韩仲良的建议，广立义仓。《新唐书·食货志》记载了其相关规定：“亩税二升，粟、麦、粳稻，随土地所宜。宽乡敛以所种，狭乡据青苗簿而督之。田耗十四者免其半，耗十七者皆免之。商贾无田者，以其户为九等，出粟自五石至于五斗为差。

下下户及夷獠不取焉。岁不登，则以赈民；或贷为种子，则至秋而偿。”唐太宗虽不承认义仓粮是一种新税，但它带有赋税的基本特征。它有统一的征纳定额与征纳办法，并建于州县，由官府管理。蠲免原则与租庸调制下的租相近而更苛刻。租庸调制下的租，十损四即全免，而义仓粟米则十损四免半。所不同的是，义仓仍为专项储备，只用于赈灾或贷为种子，不用于官府消费。

义仓最初按亩征收，高宗永徽二年（651 年）以按亩征收劳烦，改为“率户出粟”，上上户五石，上中以下递减。“率户出粟”有利于大土地所有者和佃户。大土地所有者即使被定为上上户，也只要纳 5 石义仓粮，佃户田产少户等低，应纳义仓粟也比较少。按亩征纳时，对田土少的自耕农或半自耕农比较有利，对大土地所有者却不利，往往要交纳数十石，乃至数百石。但武周初年义仓又改为按亩征收。

开元时期，义仓一般仍称为义仓，而罕用“地税”之名，或者说，仍不认为它是一种正税，且不以其入赋役令。但实际上，自中宗神龙前后，义仓存粮即被大量挪为官用，成为官府的主要财政收入之一。

地税的附加，名目也很多，除运脚、营窖费等之外，还有加耗与税草。义仓地税为备荒而设，贮藏的时间一般较长，所以加耗也多于正仓，为斛二升，即 2%。唐朝有税草，并且是国家财政收入与调拨的一项重要内容，传世文献已有记载。税草无全国统一的定额，但对每个地区来说，又有相对固定的定额，所以又有在特殊情况下的事先减免。

(2) 户税的出现及其用途

这里所说的户税，唐前期称为“税钱”，偶尔也称为“税户”、“户税”。它是唐前期诸种杂税之一种，因不是正税，不载于《赋役令》。

隋初没有户税。开皇八年（588 年）五月，诸州无课调处，及课州管户数少者，于所管户内，“计户征税”，以给官人禄力。此为隋朝“计户征税”之始，当时还仅仅限于无课调及管户少之诸州，并未推向全国。

唐初也没有户税。官吏的俸禄包括禄米与料钱，此外还有职分田以及防阁、庶仆、白直、士力等等。禄米取自丁租，属于国家财政预算内开支。料钱的来源，前后频有变化。据《唐会要》卷九三《诸司诸色本钱》，永徽元年（650 年）后、乾封元年（666 年）前，曾“薄敛一岁税，以高户主之，月收息给俸”。此后，官吏料钱的财政来源也常有变化，但税钱的做法却始终未变。

不知从何时起，税钱又有三年一大税、每年一小税、每年之别税的差别。税钱按户等计户征收，各户等之间税钱的差额相当大。据杜佑的记载，八等户岁税钱 452 文，九等户岁税钱 222 文，八等户岁税钱额为九等户的两倍多。户税可根据各地实际情况，征纳官府所需的土特产品，但在绝大多数地区，还是征纳现钱。

 4 杂徭、色役、资课

唐朝“杂徭”又称为“夫役”、“小徭役”、“轻

徭”，具有“轻”、“小”的特点：杂徭两天相当于正役一天，为中男应服的法定徭役；丁男所服法定徭役为正役，于正役之外不另服杂徭，但可以“充夫”代替正役或租、调；中男服杂徭的法定役期为10天，丁男服正役的法定役期为20天。

杂徭的征发原则是按丁、中人数征调，而不是按户征调。杂徭的使役地点多在本州本县境内，但其管理权并不限于地方官府，唐朝律令并未赋予地方官府以随意科唤夫役的权力。杂徭既有临时性的，也有相对固定的，如许多水利设施所需的夫役，就比较固定。夫役的使役范围很杂，如用于修缮盐池设施、官田营种、兴修农田水利、修城、充当门夫等等。

唐朝前期政府的力役收入，取之于编户齐民的，一是丁男正役，一是中男杂徭。取之于“贱民”的，则有官奴婢、杂户之役。取之于职资或其户内男丁的，则有无职任勋官、散官以及三卫、品子的番役。

官府对力役的使用，范围十分广泛，但大致可分为两大类。一类是用于土木工程和充水陆运丁。这一大类力役，多数由丁男承担，服役者与所服之役并无固定联系，因而也没有专门的名称。另一大类是比较固定地使役于官司。这类役多数也是由丁男承担，但也有由中男、品子担任的。因为服役者所承担之役比较固定，因而也就有专门的名称。这一类役分成三小类。第一小类是服役于内外诸官司。其征自白丁者，有公廨白直、掌闲、幕士、主膳、习驭、驾士、渔师、供膳、府史等。无职任的勋官、散官等的番役，从力役的使用形式这一角度讲，也可归入这一小类。但无职任勋官、散官等的执役，并无专门名称，因而又有别于白直、掌闲等有固定名色之役。第二小类是作为俸禄的一个组成部分，提供给王公、妃嫔、公主与文武职事官。如亲事、帐内、防阁、庶仆、邑士、白直、士力、执衣等。其中，亲事、帐内由品子担任，执衣由中男担任，其他则由白丁担任。这类役中，白直最多。第三小类是服役于某些公共设施，或管理村、里。如斗门、门夫、渠头、桥丁、里正、村正等。这些役多数由丁、中担任，但间或也用勋官或品子。

唐初，上述三小类有固定名色之役，尚无通称。唐中宗以后，这类役逐渐通称为“色役”。由于色役不是独立于正役、杂徭之外的另一种徭役，而只是正役或杂徭的一种使用形式，所以服色役者，就照例不再服杂徭、正役。安史之乱爆发后，肃宗、代宗多次下令减省色役。经过多次减省之后，供官吏役使的那部分色役基本消失，供诸官司役使的色役也有所减少。

减省色役的主要途径是纳资课。唐前期，文武散官为了取得参选职事官的资格，要轮番到吏部、兵部服役；不上番者，要岁输资钱代役。勋官为了取得散官资格，也要分番于兵部或本州服役，不上番者也要纳资。丁男、中男充色役者，有一部分也可以纳钱代役，称为“纳课”。

“纳资课”是“纳资”与“纳课”的合称。散官、勋官、卫官的纳资，与课丁男充白直、防阁、仗身等，中男充执衣、门夫等的纳课，虽然都是纳钱代役，但性质不同。散官、勋官、卫官等，本来就是不课口，不必服正役，其所以要上番，目的是要积累做官的资格。这些人的纳钱代役，不是代正役，而是代番上诸官司之役，严格来讲，不属赋役制度范畴。而白直、防阁、仗身、执衣、门夫等，本来就是丁男正役、中男杂徭的使用形式。这些人的纳课，是代正役与杂徭，与一般丁男的输庸代役，并无不同。但从财政关系上讲，两者又有所区别。一般丁男的输庸代役，其所纳绢帛是作为政府的财政收入，上交国库。而丁男、中男的纳课钱，既是财政收入，同时又作为财政支出，拨给诸司，或者是作为官吏俸禄的一部分拨给官吏本身。由于以上原因，丁男不服白直、防阁、仗身等现役后，就不是回归到服正役或输庸代役，而是改为纳课钱。中男不服执衣、门夫等现役后，也不是回到服杂徭。

5 兵役负担

隋朝平陈以前，兵制大体上承袭西魏、北周。兵役仍主要由军户承担，军户相对集中，居于军坊，不属州县。军队若有大调动，军户（包括士兵家属）也往往随之迁徙。开皇九年（589 年），隋朝平陈，对府兵制进行了重大改革，将军户编入民籍，改属州县管辖，亦即改军户为民户。其中府兵家属与一般民户完全相同，统属地方行政系统管理。府兵本身则既有民籍，又有军籍，与军府有关的事务仍属军府管理。

改革前承担兵役带有身份性的特点（军户承担兵役，一般编户通常不承担兵役，府兵为世兵，府兵子弟世代当兵，通常不得从事其他职业）。改革后，兵役负担带有地域性特点（军府所在地区的民丁应服府兵之役，不设军府地区的民丁则不当府兵）。两者之间又有某种联系，由于原先的军户本来就是集中居住于某地，故军户编入民籍后，原先军户聚居之地通常仍继续设军府，该地区之民丁依然须服兵役。

唐代府兵兵役的地域性特点仍很明显，各地区的军府密度，无论按单位面积或按户数计，都相距悬远。有些地区（如关内、河东、河南三道）、有些州县（如京兆府、河中府、同州、华州、绛州、晋州等州的属县）军府很多，民户兵役负担沉重。有些地区、有些州县（如江南、岭南、剑南诸道之州县）兵役负担很轻，甚至几乎无兵役负担。唐代均田制规定了乐迁之制——地狭人稠地区的民户可迁往宽乡受田。但为了保证包括兵役在内的赋役来源，唐朝又有有军府州不得往无军府州的规定。以此类推，折冲府地团之内亦必不可迁往地团之外。

军府州的丁男并非全部简点为府兵，而只是简点其一部分。简点的原则是：财均者取强，力均者取富，财力又均，先取多丁。但至武周时，因兵役繁重，府兵或死或逃，为了维护府兵制，补充新兵的数量又非常巨大，简点原则遭到破坏，大量的贫弱单丁被点充府兵。

府兵常时要接受军事训练，所履行的职责有三项：

宿卫、防戍和征行。宿卫是府兵的主要任务，所以府兵通常即称卫士。府兵宿卫采取轮番制，根据地里远近，一府之卫士分批轮流上番，一批即一番。地里远者，每番的时间较长，服役者上番的次数也少；地里近者，每番的时间较短，服役者上番的次数也相应增多。

防戍也是府兵的重要任务。军府州的镇戍防人自然由当州折冲府差点卫士充，而诸军、守捉、城、镇的防人，也有一部分征自侧近军府。镇戍防人的番期为一年。军府卫士在镇戍期间还要服各种与军事活动有关的劳役，如修理军器、城隍、公廨屋宇；充当望子（望楼之瞭望人员）、门子（门夫）、塠烽（烽子）、镇将仗身（作为俸禄的一部分供给镇将役使的力役）、捉道（守卫交通要道，盘检行人者）；参与屯田、营田等。这些役都是兵役的组成部分，而不是府兵于兵役之外另有力役负担。

府兵除轮番宿卫与防戍外，处于预备役状态，若逢战事，就可能被简点入军从征。卫士从征，无一定番期，军事行动结束，即放回乡。

唐前期的府兵免租调，其代价是服兵役与自备衣粮及部分装备。其中衣着，无论是上番宿卫，或是防戍，都是自备。防戍超过一年的，官府或给予补助，但为数有限。口粮，自备麦饭 9 斗、米 2 斗。府兵自备的武器包括弓、矢、胡禄、横刀等。总而言之，府兵虽免租调，实际负担却较一般民户为重。唐初，奖励军功比较优厚，颇有吸引力。特别是勋阶，还比较容易获得。勋至柱国、上柱国，不仅可以不课，而且可荫子“见课不输”。六品以上勋官经过上番、考核，还有授予散官的可能。所以，唐初府兵制度还易于维持。但至高宗初年，优待措施已无法落实。高宗晚年与武周时期，简点府兵的原则又遭破坏。至开元年间，府兵制度已经名存实亡。

唐前期，与府兵制并存者，还有征兵制与募兵制。府兵制也是征兵制，但它所征发的范围仅限于军府州，府兵的主要任务是上番戍卫，并充当后备军。这里所说的是另一种征兵制，其特点是征发非军府州与军府州的白丁为兵，主要任务是防戍与征行。府兵有常额，征兵、募兵则因时因地而异，带有临时性。

唐前期募兵的规模相当大。征行，视战争需要而定，或数千，或数万、十数万。防戍则有常额。在募兵过程中确有自愿投募者，但并非都是自愿应募。实际上强制征兵与自愿投募往往相结合。募之不足，乃征，因而募也就等于征。募兵可免本身租额，资装器械官给，衣着除自备外，或稍有给赐。募兵也有番期，但是募兵的实际服役年限经常超过原定期限，逐步转化为职业兵。所以，募兵的经济负担轻于府兵，但其兵役负担却远远重于府兵。

唐前期，除府兵与募兵充防戍征行外，还有地方兵役。如团结兵，亦即团练兵，或简称为团兵。它的出现不迟于武周万岁通天元年（696 年）。开元、天宝之际，全国服团结兵役者约有 10 多万至 20 万人左右。这时团结兵的兵役负担有逐渐加重的趋势，其表现之一就是团结兵常会同军镇兵，担负防戍任务。与此同时，政府对团结兵的供应似乎也有增加。又如土镇兵，目前见于天宝年间敦煌差科簿中，为数极多。这种土镇兵与团结兵不同，应属乡兵范畴，也许即是唐代中后期传世文献所见“土团”之滥觞。

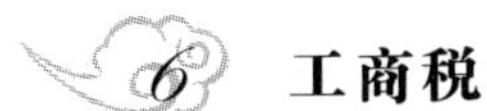

6 工商税

隋与唐开元以前未见关市之税，两京诸市署与州县市令之设，目的也只在于管理市场，而不在于收市易之税。前代习见的“市租”，隋至唐前期的文献未见记载。北周实行的“入市之税”，隋初也已废止。盐与酒，北周皆行专卖，隋初因袭不变，但到开皇三年(583年)，废罢专卖。唐初依隋之旧制，盐酒无禁，只是政府控制一些盐池、盐井，以供京师及军队。

隋至唐前期的商人也有赋税负担，但其负担同于一般民户。如隋朝的社仓税与充官人禄力的“计户征税”，商人自然也应承担。隋大业中，课天下富人，量赀产出钱市马等，商贾更是首当其冲。唐代的户税、地税，乃至于租庸调，工商户都应承担。但严格意义的商税（无论是关津之税或是市肆之税），武周以前却从未开征。

武周时期，由于边境多事，军费增加，加以冗官耗禄、武则天佞佛糜费等原因，国库比较空虚，于是有了征收关市之税的动议，但并未真正实施。开元二十六年（738年），曾开伊娄河，立伊娄埭收课，是因为政府为开河投入了资金、人力，并为船只过埭提供了服务，所以所收之课不同于通常的关津之税。实际上，当时也并未普遍恢复关津之税。

到天宝年间，始开征市肆之税，商品交易税率为2%，直到建中四年（783 年）一直保持了这一税率。东晋南朝奴婢、马牛、田宅的买卖要立“文券”，并交纳契税。唐朝奴婢、马牛的买卖也要立“市券”，但未见是否交税的记载。由此似可认为，前者规定买卖须立“文券”，主要目的在于收税。唐朝规定买卖奴婢、马牛须立“市券”，主要目的在于加强管理，防止压良为贱，或盗卖他人牲畜。

总而言之，安史之乱前，唐朝对于工商业与关津，都是重在管理，对于工商税并不在意。

安史乱起，两京旋告失守，国库也相继丧失，使中央财政陷于极端困难的境地。平叛斗争的一再失利，更使朝廷的权威一落千丈。唐朝中央政府实际上已无力统筹全国的财政收入，因而只好放权，让各地自行筹措，最终导致各地关卡林立，所在税商。由于一般的商税仍不足以解决唐王朝的财政危机，又开始榷盐、榷酒。至大历末，盐的专卖收入已成为当时国家财政的支柱，而酒的专卖收入在整个国家财政中则不占重要地位。

六　唐后期、五代的两税与诸色税役

1 两税法的成立与实施

(1) 杨炎奏请两税法

两税法是德宗建中元年（780 年）二月由宰相杨炎奏请实行的。史家认为均田制、租庸调的破坏及财政失控，是导致杨炎改革税制的原因；而党争的需要促使杨炎加速税制改革的步伐，奏请实行两税法。

从肃宗时代起，言理财者必称第五琦与刘晏。元载出任宰相后，因与刘晏友善，荐刘晏为度支转运使，与第五琦一起理财；第五琦遭贬后，刘又与韩滉一起理财。大历九年（774 年），杨炎因元载的提拔，升任吏部侍郎。当时吏部尚书为刘晏，两人“各恃权使气，两不相得”。大历十二年（777 年），元载因罪被收捕，德宗命刘晏等人负责审讯，结果是元载被赐自尽，杨炎以党附元载贬道州司马。大历十四年（779 年）杨炎入相后，欲为元载报仇，迁怒于刘晏。刘晏虽免于诛戮，但仍被罢去转运使等使职。杨炎就是在这种党争背景下奏请实行两税法的。

杨炎奏请两税法时对德宗陈述的情况，虽然概括了租庸调法之弊的实情，但也包含有否认刘晏理财成就、抹杀代宗时期税制改革的意思。如《旧唐书·杨炎传》所载杨炎云："迨至德之后，天下兵起，始以兵役，因之饥疠，征求运输，百役并作，人户凋耗，版图空虚。军国之用，仰给于度支、转运二使"，以及"课免于上，而赋增于下"等说法，都是有所指的。说至德以后兵兴役作、人户凋耗是符合情况的，但这是安史之乱后不可避免的情况。刘晏和第五琦正是在这种困难局势中管理财政收入的。大历四年（769 年）改订户税征收办法，扩大了纳税面；而大历五年（770 年）三月"始定法"的地税征收办法，则使地税分夏秋两季交纳成为制度。这些改革都为两税法的制订提供了借鉴。所以，至德以后的课税状况是有变化的，不能笼统地说是"课免于上，而赋增于下"。这样说显然含有否认刘晏等人改订税制功绩的意思。

在杨炎奏请实行两税法后的建中元年（780 年）正月五日，德宗宣布开始"年支两税"。二月正式颁布《定两税诏》。

（2）两税法的内容

《定两税诏》的内容可分为两税的征收对象和物品、定税依据、征税期限等几个方面。

就征收对象而言，两税法规定不分主户、客户，一律征收两税，即所谓的"户无主客，以见居为簿"。此规定使原来四处流散、脱离户籍的客户就地入籍，从理论上说便无所谓主客之分了。这是唐代处理逃户、客户问题的一项重大政策，使两税的纳税对象大大扩大，税源得到保证。两税法规定行商也要在郡县交纳税率为三十分之一的资产税，也是扩大纳税对象的一项重要措施。

两税法的征收原则是“人无丁中，以贫富为差”，与租庸调法的征收原则迥异。租庸调法之租为丁租；庸是役的折纳，也以丁为征收对象，可称之丁庸；调按户交纳，有课口之户为课户，课户负担租调，所以调的征收也以丁为依据。至于中男，和丁男不同，只是有条件地承担租役。也就是说，在以人丁为本的租庸调法实施时期，丁中之别是很重要的。两税的征收则是“以资产为宗”，无须再有丁中之别。

两税征收的物品分谷物和钱两大类。谷物（斛斗）是原来的丁租、地租，来自田亩税。田亩是民户的主要资产，田亩税显然是以资产为依据的。两税钱主要是原来的户税钱和青苗钱。前者本来就是按户等征收的。唐朝实行九等户制度，定户等工作早在唐初已经进行。定户等的依据是民户的资产，而资产包括土地、桑、居宅、牲畜和钱财等项。关于钱财，很难估算。因此，在实际的计资定户等、按等定税中，很难准确而严格地做到合理、均平。

两税法的征收分夏秋两季进行，“征夏税无过六月，秋税无过十一月”，一定是为了适应中原、江淮等主要农业区的作物收获期。一般来说，夏税斛斗包括大小麦、豆类等，夏税钱则多折纳紬、绢、绵、帛本色；秋税斛斗包括稻米和其他秋作物，秋税钱、青苗钱、税草也有折纳的。两税法在规定分夏秋两季征税的同时，又有俗“有不便者，正之”的规定，这其中已含有“任土作贡”和允许变通（如折纳）的原则。也就是说，在规定的交纳期限内，夏秋斛斗与折纳的物品，要以随土所出为原则，不便之处要改正；同样，交纳两税钱时，有钱交钱，无钱折纳民户之所产。有的地方甚至可以不交斛斗，如西川税租，尽纳现钱。

两税法还规定除两税外，“余征赋悉罢，而丁额不废”。即将两税法前的租庸调、户税、地税等合并为两税，不再另征。同时各州县在造籍时，仍然要登记本州县之丁额，然后准式申报户部。两税的征收无须有丁中之别，丁额的申报似无意义。这从两税的征收原则角度看是对的。但是，在两税实施过程中，也就是把征税原则运用到征税过程中时，便有保留丁额的需要：一是一些地区还有所谓田赋、丁口钱、丁钱，是计丁征收的；二是两税法实施以后，力役差征仍以丁中为依据；三是兵役的差点，更必须以丁额为据。

两税法还规定要根据风土所宜、人户多少均税，由尚书度支总统。这表明两税也是均税，要根据当地物产和作物成熟的早晚，确定两税征收的内容和征税的期限；改变了代宗朝赋税悉委诸使，以致“征税多门”的情况，将财赋权收归尚书省。

（3）两税法的实施和问题

两税法颁布后面临着如何实施的问题。因为《定两税诏》只规定了两税的基本内容和征税原则，而未对诸如全国和各州税额的确定、折纳的规定、各地征税期限的差别、客户是否纳税、两税的加征和科配、两税的摊征、两税的分配与使用等方面一一制订细则。这些问题都是在实施过程中解决的。

税额的确定。两税法时期未见公布全国统一的税额，但不能说从来就没有这样的税额。实际上在两税法实施初期，各州均以大历年间科率最多的一年，亦即大历十四年（779 年）的钱谷征收总额为定额，全国的征收总额应也据此而定。

两税法实施以后，以大历中旧额为依据征税的规定是坚持实行了。但是，加税随之而来，旧额难免又被突破；户口减耗日甚，各州旧额分配轻重不一的情况一直没有改善。因此遂有重新定户等和计算两税税额之举。贞元四年（788 年）令三年一定两税，计资定等第。计资首先是核计土地，还要考虑原先赋税的征配和各地负担轻重的实际情况，务使均齐。税额是否合理，取决于计资定税是否合理。自贞元四年以后，又曾多次重申三年一定两税的旧令，表明定税并未能彻底实行，但在一些州县，由于地方官的努力，曾有不同程度的实施。

唐末定税工作因为局势动荡而难以进行，对两税税额的控制也无从谈起。五代后梁两税之法悉遵唐制，但未见有定税的记载。后唐的定税工作比较具体，税额失控的状况有所改善。后周的“均定田租”工作，是五代时期影响最大、最深远的定税之举，按照唐元稹《同州奏均田》提出的原则、办法，使土地顷亩与税额相一致。这次定税使不少州县的税额重新得到确认和调整，改变了五代以来两税负担不均的状况。十国的定税工作，以吴、南唐做得较好。但从总的情况看，五代十国的定税工作因社会动乱频仍、安定时期不长而受到影响，致使税额失控、负担不均、吏缘为奸的现象比较严重。

总之，两税法颁布后的近200年中，税额的确定一直是各朝政府关注的大事，因为它是两税法能否正常实施的关键。税额失控的局面经常出现，但是在定税过程中有些州县还是较好地计资定税，并使税额保持在较为合理的水平上。

折纳的规定。两税主要征谷物和钱。谷物属田亩税，是农业范畴的税种。两税法颁布时，征收谷物部分的田亩之税以大历十四年的垦田数为准，以后定税时也有根据土地多寡和肥瘠重定田亩税额的。这样就形成田亩税系于土地，田亩税率征谷物，并且素有定额的制度。一般来说，唐代北方夏秋税谷物是麦类、谷子，配以杂菽，南方（包括淮南）夏秋税谷物是稻米，配以麦类。谷物一般不折纳，因为官府、军队仰食于此。但在个别地区，或因运输困难，或因无粮可交，也存在谷物折钱的情况。

至唐末五代，在商品经济比较发达的江淮地区出现了计亩输钱。吴自杨行密时代起，田亩税钱已成制度，至徐知诰时，因钱重物轻，田亩税谷物折钱征纳暂时中止。顺义二年（922年）又恢复田亩税纳钱的规定。这一变化说明，在唐末五代，两税谷物折钱的制度已为人们所接受，纳税者已有交钱的承受能力。考虑到当时主要两税户——农民还是自然经济下的生产者，两税全额纳钱仍不免有负担过重的困难，于是有夏钱秋米制度，即夏税纳钱，秋税纳米。

两税钱的折纳是两税实施中的一个大问题。田亩税谷物的折纳是局部的，而两税钱的折纳是全国性的。两税法开始时，由于货重钱轻，折纳有利于民户，因而有计钱纳绢的规定。以后折征失控，名目各殊，加之物价波动，折纳遂成为问题。

两税钱在征收时，由中央逐贯均配现钱，各州在征足配额现钱后，其余两税钱额折征绢帛等物品。对于两税户来说，两税钱原则上既要纳现钱，又要折纳绢帛等物，而不是全部折纳。但是配征现钱后，钱的供应情况并未见明显好转，两税户交纳现钱越来越困难。并且钱货之间的关系也由两税法开始时的货重钱轻，逐渐变成了钱重货轻，同等数量的两税钱在折纳时，则需要更多数量的绢帛等物品。两税法颁布 8 年之后，折纳就使两税户的部分负担增加一倍以上。40 年后，两税折纳负担则比建中初增加三倍。

总之，从唐建中元年实行两税法到五代，调绢从正税中消失了，但绢帛之征又在两税钱及田亩税谷物的折纳中复活。从而构成了两税的斛斗（谷物）、钱、绢三大色。这一变化说明，在当时条件下，政府不可能全面推广计赀输钱、计亩输钱，只能征收一部分现钱。两税法的成立只标志着户调制的结束，而征纳绢帛的规定还一直存在着。

征税期限。《定两税诏》对两税征收期限，只做了“夏税无过六月，秋税无过十一月”的原则规定。但是各地气候条件不同，农作物生长期不一，所以夏秋税征收起讫时间的划定，如何做到既符合原则规定，又接近各地的实际，便成为一项重要而困难的工作。最初，两税征收期限经常提前，给税户带来额外负担。至穆宗时，夏税的税限已有所放宽，即自六月一日至六月底。

五代时期后唐根据各地节候早晚，对两税征收期限进行了调整。黄河以南，淮河、汉水以北；黄河以北；河东，以上各地区分别有一个大致统一的征收期限。但有些地区则分属两个税限区，如山东地区，齐、棣、兖、沂属“节候常早”地区，而密、青、淄、莱属“节候尤晚”地区，所以税限不同。各地区的起征期限相差10天或一个节气，最早与最晚的起征期限则差25天。后周显德三年（956年）又重新统一征税时间，夏税六月一日起征，秋税十月一日起征。

无论唐或五代，有了征税起讫期限的规定，不等于地方官吏即照此办理，预征、早征之事屡有所见。为了杜绝此类弊端，在规定征税期限内又分立若干阶段，即所谓两限、三限。显然，两税法仍遵从“任土作贡”的传统，为了顾及民户的生产，征税期限的通融办法在所难免。

客户是否纳税。两税法采取“户无主客，以见居为簿”和“以资产为宗”的征税原则，有产客户应交纳两税是没有疑义的。无产客户因为没有资产，自然也不应纳税，而资料中却有关于他们交税的记载。这其实只是在非正常情况下发生的。如替逃户耕种田地，代纳其税；名为客户，实则有产；富户的两税额转嫁；官吏的横征暴敛等。

两税的加征和科配。从严格意义上说，加征只包括青苗钱、税草、纽配、加耗这些项目。青苗钱在两税法实行后，并未并省，仍旧征收。在统治者眼中与两税都是正税，不属税外科率，但实际上应是两税的加征。青苗钱在两税法实行以后的各朝都有征收，而且数量不少，为此还曾设青苗钱专使。青苗钱也分夏秋两季征收，通称夏青苗钱和秋青苗钱。

税草自唐建立之始即有，两税法实施后继续征收。自德宗至唐末五代，草税加征之事层出不穷，并且两税户交纳草税时，必须负责搬运，增加了负担。后唐时草税曾令折钱。五代草税还有加耗。

纽配为无名加征，是在两税额上临时配征一定数量的钱物，如谷物、白米、秆草、麻、柴、炭等，种类很多。纽配既然是一种强制性的加征，又多在吏治腐败年代出现，有很大的随意性，随统治者的需要而定，很难有什么标准，如五代配麻、农具钱每亩从 16 文至 45 文不等。和纽配名称相似的科配、别配、白配、率配、科率，一般说都是杂税或杂差性质的赋役项目，并非两税加征意义的赋税。

加耗之例早已有之，唐后期继续加征，如文宗、武宗时，送纳斛斗，要收取规定数量的所谓“每斗函头耗物、蘧除”。大和七年（833 年）定义仓、诸色斛斗斗耗二合。此后相沿未改，随斗纳耗物，率以为常。五代后唐时又称尚书省规定的加耗为省耗，最初为每斗一升，长兴间减为每斗二合，为应征两税额的2%。后汉加耗空前加重，达到两税额的20%。后周显德二年（955年），加耗达10%。与加耗同时征收的布袋钱，似为加耗的附加税，也可列为杂税。

另外，两税在征收过程中由于折纳、折籴等规定，实际上税率有明显上升，增加了两税户的负担。折纳、折籴虽非新的税种，其实已成一种两税的加征。

两税的摊征。摊征往往因逃户而起，又称“摊逃”，是将逃户赋税摊派到尚未逃走的农户和他们的邻保。摊征在唐前期已经比较明显，至德以后，已成为严重的社会问题。两税法颁布后，遇到社会环境不安定，逃户问题、定税问题、配征问题交错而至，摊征便不可避免了。尽管不少官员对摊征问题提出了一些解决办法，但是政治腐败、剥削加重、逃亡日继等社会问题一日得不到解决，摊征现象就不可能根除。直到五代，依然如故。

两税的优免。两税法自成立之日起就没有明确规定优免之例，但因即位大赦或遇水旱，临时优免还是有的；并且这种优免无成例可援，当时一些官员要求蠲免两税，被认为有乖规定。五代的情况也大致如此。

两税的分配与使用。唐前期的税入由中央统一支配，租庸调之入，米粟的五分之三、布绵绢的一半以上上调，送往两京和北库（清河郡）各仓贮纳。当时能做到这一点，和中央集权巩固、社会安定、漕运畅通等因素有关。而两税法实施时的状况则不同，藩镇割据之势已成定局，中央和地方分割赋税的斗争不免加剧，于是出现了两税分配的三分方案：留州、送使和上供。

两税法订立时，三分方案随之提出。但是，从建中到贞元末的二十几年中，由于方镇跋扈，朝廷被迫用兵河朔、淮西，对付泾原兵变，各地节帅趁火打劫，不供赋税。上供既无着落，三分法难以全面实施。宪宗武力平定剑南西川刘辟、江东李锜、淮西吴元济、淄青李师道，河北三镇也慑于皇威而暂时归顺。因此，在财政上，宪宗朝加强上供钱物的调运，三分方案付诸实施。穆宗朝曾令州府如实申报留州定额钱物数，防止妄有削减，表明留州是有定额的。既然如此，送使、上供也当有定额。

两税主要用于军费和官俸。上供部分，即中央财政用于军食、军衣、内外官俸及诸色资课。中央财政在军费上的支出主要是中央禁军和边军的经常费、战时费用、各种赏赐等。两税法实施后，德宗鉴于方镇跋扈，危及中央的局势，着手扩大禁军，当时估计禁军总数有 15 万之多。按常例，这支禁军的经常费至少在 360 万石匹。戍边军队因为人数比禁军多，虽然待遇低，但其开支数目也很可观。战时费用一般指戍边作战费用和诸道军的食出界粮等项开支。中央财政中官俸的支出仅次于军费。从贞元到会昌，京官总数增加一倍，官俸支出也随之增加。至于地方官官俸，也有相应增加。但不能笼统说唐后期官俸一直在提高，在兵革未息年份，官俸难以保证，或至欠缺。

送使、留州，即地方财政用于军费支出上，也为数甚多。唐后期方镇与州的兵力视各镇、州的情况而多寡不一，多者数万、十万，少者数千。文宗时中外兵额约99万，全国赋税所入，三分之二供军。方镇、州兵约59万的费用靠送使、留州地方财政与营田所入解决。此外，犒赏、安家费用还难以悉计。

2 工商杂税与和市、和籴、进奉

（1）各类商税

旧史讲到商税，有市租、过税、住税、入市税等名目，而通常所说的商税主要指过税（通行税）和住税（营业税）。唐、五代过税的征收重点是盐、茶等行业的大商人，当然，既已设卡，一般商贩也难以幸免。住税税率一般高于过税税率。两税法规定行商在所在州县税三十分之一，这是住税的税率而非过税的税率。唐后期因为军费、官俸开支猛增，府库告急，统治者往往在提高商税的同时，还勒索商人。

（2）农副畜产品税

农副畜产品税多是针对农民的，如果税率过于苛重的话，对于农村集市贸易的发展是很不利的，因此唐代往往予以禁止。有迹象表明，五代十国的农副畜产品税的征收很普遍。

（3）盐、茶、酒曲专卖与税收

唐代食盐专卖始自第五琦，规定盐的生产、销售均在官府的控制之下进行，采取寓税于价的办法，使官府获利十倍于从前。刘晏取代第五琦之后，将所收盐户之盐，加价转卖给盐商，由盐商负责向各地销售，官府不再垄断盐的销售，但保证了盐税的收入。穆宗时，韩愈对刘晏盐法做了充分肯定，表明刘晏盐法行之有效。在唐后期实行时间最久，即使在后来盐法废弛的情况下，商运商销的方法也没有动摇过。

五代后梁似未恢复榷盐制度，但局部的榷盐是存在的。后唐长兴四年（933 年）颁布的盐法使专卖制度更为严密，原则上由官府垄断盐的生产、销售，严禁私产、私买、私卖，与刘晏制定的官榷商销办法只限于颗盐界内的乡村相比，禁榷范围明显扩大。后唐盐法影响所及，不仅及于后晋、后汉、后周，也有北宋。后汉盐禁之酷更甚。盐禁苛酷皆因盐利而来。五代统治者对民间食盐、蚕盐实行专卖，目的在于更大程度地增收盐利。

十国的盐法不完善且因国而异。吴、南唐有盐米之制，民户于每亩正苗一斛之外，另纳米三斗，政府则授予盐一斤或二斤。大致上，江南诸国食海盐，前后蜀食井盐，政府除榷盐外，还征收盐商的过税。

唐德宗贞元九年（793 年），因常平本钱之需，在张滂的奏请下，正式税茶。在茶商往来的茶区要道置场设卡，按三等征税，税率为十分之一，但官府也未把茶税之入用于救灾。此后茶税收入不断增长，成为官府的重要财源之一。文宗朝，王涯强迫百姓移茶树于官场中栽植，摘茶叶于官场中造作，采用官产官销的办法。所得茶税明显是榷税，而不再像以前仅仅征收茶商之商税，但是这种办法很难全面实施。王涯被诛后，令孤楚改革茶法，所征之税明确指出有榷税，可能是政府在收购茶户的茶后，加榷卖给商人，商人再加价转卖各地。但是史书所载，更多的是向茶商征收的商税。从文宗、武宗、宣宗以来，增加茶税和严禁私贩、私鬻是禁榷茶的重点。

五代十国继续实行茶的专卖政策。当时北方不产茶，但又有需求，朝廷就设立专门机构到南方购茶以谋取茶利。在茶的官方贸易中，双方都有利可图，包括榷税的收入，即北方政权从南方购买茶叶后，加榷税于茶价之中出售，南方政权则加榷税于茶价之中卖出。此外，双方还向茶商征收商税。

唐初以来有无酒禁看法不一，但若干禁断酤酒的例子已见于史籍。代宗时曾令各州量定酤酒户，随月纳税，此外不问官私一切禁断。酤酒户是酿制和出售酒的专业户，令其按月纳税，使酒税的征收走上轨道。大历间又将酤酒户按资产分为三等，分别课税。这期间酤酒户逐月交纳的酒税具有资产税和营业税的双重意义。唐代严格意义上的榷酒应是建中三年（782 年）的事，当时天下悉令官酿，委州县综领，除京师以外，禁止私酿。贞元二年（786 年）又在京师榷酒，扩大了榷酒的范围。唐代还实行过榷曲，最早可追溯至贞元二年。武宗会昌六年（846 年）在扬州等八道州府置榷曲，并置官店沽酒，代百姓纳榷酒钱，并充资助军用。

五代榷曲之严甚于榷酒。后梁末年，各节度使始置榷曲务，民有犯曲三斤即死的例子。后唐全面实行榷曲，曲禁相当严厉，曾发生将犯了曲禁的百姓“族杀”的惨案。后又将榷曲钱摊到两税田亩税上，百姓可任便造曲，酿酒供家。至长兴二年（931 年）七月，又恢复城乡官造曲，曲禁重新严格起来，曲价也大幅度提高。后晋、后汉大体上遵长兴二年七月的规定。后周在太祖、太宗时，分别实行改革，修改曲法，曲禁有所放宽。一方面官府继续造曲酿酒，另一方面允许人户至都务买曲造酒，但禁止民间造曲。十国的榷酒制度不严。大致上说，钱氏吴越的榷酤制度较严，吴、南唐较宽。

（4）矿税及其他杂税

唐代矿冶之税始于开元年间。唐实施两税法后，铜的生产主要集中在官办的铜冶，以保证官府铸钱等的需要，私人很难插手，铜矿税也无从征收。唐代有榷铁之名，估计主要是实行铁冶官有，控制铁成品的生产，至于铁器，并非一律官造。唐末五代，禁止民间私铸农具，说明当时官府铁冶既冶铁，又铸农具出售，榷税、利润收入一定可观。后唐明宗时始除铁禁，官府所产生铁可出售，百姓可自炼杂使熟铁，但乡村百姓需要于所纳夏秋田亩税上加纳每亩一文五分的农器钱，这样铁的榷税便转为了农器钱。银、锡自开元十五年（727 年）已开始征课，采取实物分成办法。

唐后期至五代十国，还有名目不少的工商杂税。如“舶脚”，是对外国商船征收的商船税。从《旧唐书》所载几位岭南节度使的发财史看，这种舶脚之征是很苛重的。“间架税”，是按间征收的屋税，具有资产税性质。“牛租”，实行于后梁的东南诸邑，源于租牛而交纳的租谷，而后牛已不存，牛租犹在，成为一种地区性杂税。“身丁钱米绢麦”，以丁口计征，属人口税。“牛皮税”，是五代的一项酷税，等等。

(5) 和买、和市，和籴、折籴，除陌，土贡、进奉

唐代和买、和市比较普遍，多是为了应付宫廷日用、副食品及有司日用杂货，其问题在于指定差配，以致以“和”之名，行“配”之实，成为百姓的一种负担。和籴是唐代筹粮的一项重大措施，一是为了军需，二是为了赈济。唐前期和籴在筹措军粮中占有重要地位。民间交纳和籴之物，固然带有摊购性质，但价格上还是有优惠的。唐后期的和籴亦有加价，但免不了抑配。为防止水旱缺粮，旨在调剂余缺的和籴的规模也不小。但是，这类和籴也因其强制农民输籴而名声大坏。为了缓和和籴的负担，出现了折籴，即将青苗税钱折纳斛斗（谷物），可避免为了纳现钱而贱卖粮食。这对农民自然有好处。但折籴的折算之权操于县司，农民不免受制，所以也不是都那么合理。

唐代的除陌，又称垫陌、抽贯，有三种含义：交易税、官府支付、陌内欠钱。交易税性质的除陌，天宝年间已有之。建中四年（783 年）赵赞奏请制定了新规定：公私货易由原来的每贯抽 20 文改为 50 文；物物交易折钱计算抽纳；除陌钱的抽纳，通过市牙结算，不用市牙者据私人账簿，无账簿自行“投状自集”。有记载说，兴元元年（784 年），交易税性质的除陌钱停罢，又有记载说，只是又恢复了每贯抽 20 文。而此后一直到唐末五代，交易税性质的除陌钱照常抽纳。在赵赞奏立的“除陌法”中，官府的公私支

付也要每贯抽纳50文。官府支付的范围包括中央的“给用”经费（包括官俸料）、送使留州等钱。陌内欠钱指铜钱支付每贯减少若干文，仍充一贯价值使用。所以，唐后期、五代史籍中常有“足陌现钱”的说法，指一贯就是一贯，一文不少。这种情况的出现与唐后期通货不足、钱重物轻有关。采用“陌内欠钱”即贯内垫除的形式，实际上等于货币升值。

土贡之制，历代皆立。问题是土贡往往成为变相的勒索。唐代各道州府送纳的贡物是有增减变化的。地方官府在搜罗贡品时，往往不顾民瘼，而且趁火打劫。进奉也是一种勒索。如果说土贡大致上指定了地点和贡品，进奉则全随地方官吏所欲。地方节度使、观察使为取媚于皇帝，往往巧立名目，进奉邀宠。顺宗即位曾罢宫市使、盐铁使的月进，宪宗即位也罢去官受代进奉，企图刷新政治。但是，由于当时政治腐败已非一纸令文可以肃清，进奉也就难以根除。

 3 役法与徭役

(1) 力役之征

两税法实施后，力役并未随“庸”的并省而取消，仍然据丁征调；而且两税法也规定“丁额不废”，很有可能为以后的徭役征调留下后路，也就是沿旧制征调力役。建中以后力役的征调，从若干资料记载看，一方面征调丁夫从役；另一方面和雇方式进一步推广，凡修筑陵墓、诸街坊墙，差搬军粮，兴修水利等工徒

都广泛实行和雇，部分代替了丁夫从役。这是两税法以后力役之征形式的变化，也是役法的变化。除了和雇有法外，征调似也有法。如李式、杜牧曾创立据簿轮（检）差制度。宣宗大中九年（855年）颁布了全国实行差科簿制度的诏令，每有役事，据簿定差。但是，有法不等于力役之征已无伪滥，僖宗时刘允章将“替逃人差税”列为百姓八苦之一。

五代时期，军事性应役增多，反映了这个“千征百战”时代的特点。后唐明宗伐蜀、后晋与契丹对峙、后周南征北战等，均动用大批丁夫从事运送粮饷、随军营作、掘壕营寨等役。

（2）杂徭

唐后期的差役也包括杂徭。杂徭原指正役以外的徭役，又称夫役。杂徭的特点是杂，包括中央有司和地方官府的各种差使。两税法实行以前，夫役为中男的法定服役义务，中男多服夫役以及丁男服夫役，可折正役，免租调。唐后期也应是依据旧例征发杂徭的，但有变化，在官府可差的丁夫不足时，则采取和雇。五代十国时期“杂徭”这一名目依然存在，凡是皇帝巡幸、官使过往的驱使（赶车、抬轿、运送物资、清理道路等）都属于这一类杂差。

（3）色役

与唐前期相比，唐后期色役的数量大为减少，如天宝五载（746年）废止的白直，在唐后期的资料里再无发现；执衣、防阁、庶仆等也不见于记载。但色役的种类仍然繁多。关于色役的差遣，中央有司和地方官府都据有关令式，明立簿籍，轮番差遣。在各类色役中，有的色役如三卫、执乘等不但负担较轻，而且还是“入官之门户”，所以地主豪强多乐于从役。唐后期富户假冒色役以逃避徭役的情况比较严重，盖因这类色役比力役轻，而且还有机会挤入下级官吏行列。有的色役负担重，与力役、杂徭无异，如工匠，往往上番后难得替代，类若官奴；又如烽丁、驿丁、渡子、牵夫，劳作甚苦，不堪重负；还有营墓夫、陵户也成为长期服役者，生活异常艰苦。唐后期许多杂色役往往殃及百姓，成为一个社会问题。及至五代，重色役成为惩办犯人的手段，凡是重犯，皆配于重处色役。

唐前期色役可纳资课代役。唐后期官府不断减省色役，部分资课亦改由官府出钱充资，官府的钱从青苗钱中划拨。这些资课钱充作手力等色役的资钱，或用来和雇人力充任手力等色役。这种增税充资办法，虽然使部分从役者免于纳资课，但百姓的赋税负担因此而增加。不过从减省了色役纳资代役这一点上说，还是有进步意义的。

（4）兵役

唐后期依开元旧例，征调丁壮戍边，被征丁壮又叫征人、行人。戍边的士卒按规定是轮番服役的。由于戍边士卒有的是异地服役，不仅适应性和战斗力均成问题，而且生活困苦，滞留难返，死伤又多，成为一大社会问题。

府兵制破坏之际，京师宿卫改由募士担任，号曰“长从宿卫”，总计 12 万人，为六番，每番两个月。天宝之后，甚至召募市井之人为卫士，以致安史之乱中，皆不能受甲。安史之乱后，方镇兵强，威胁中央，于是朝廷不得不加强皇帝和京师的警卫。为此肃宗重建禁军，总称“北衙六军”。代宗广德中，鱼朝恩染指禁军指挥权，神策军由其指挥。神策军是招募来的，实际上也是征点，故亦称“搜补”。被搜补者为丁壮，当然也有富豪子弟与市井之人混入。

安史之乱后，安史的降将多成为割据一方的节度使，一些平叛有功的将领也以节度使名义各占州县，从而形成全国性的割据局面。其中以河北、汴宋、淮西的割据对唐后期的影响最大。方镇兵中，牙兵的地位最为重要，他们由地方强宗豪族、军将子弟组成，是职业兵。就其作用而言，相当于中央的禁军，主要任务是戍卫方镇节度使会府。在战争发生时，也会被派往前线。唐后期方镇兵中还有大量作战部队，不是牙兵，而是直接从农民中强征来的。五代各王朝、各小国是方镇军阀割据的结果，他们依赖武力维持，征兵更为严酷。

州兵也是节度使控制下的军队，但除属州外，其他州兵更具地方兵性质。州兵有招募给衣粮的官健，有差点土人而来的团结兵。各州的州兵皆有常数，当然多少不一。乡兵是乡里武装，由来已久。唐后期的乡兵是地方自卫力量，还是官健的候补兵员。五代十国的乡兵也较普遍。后晋曾一度置乡兵，号“天威军”。南唐在后周军队攻淮南时，当地民众相结为义军。一般来说，乡兵虽然也是一种兵役，但因为目的是自卫乡里，关涉切身利益，丁壮易于从命。这与其他各类兵种的兵役不同。

七 两宋的两税与诸色税役

1 两税与“杂变之赋”、“丁口之赋”

（1）两税法的变化和方田均税法、经界法

两税法实施后，田亩税的征收内容至五代时期发生了变化。吴国顺义年间出现了将田亩斛斗折钱交纳的规定，又因计亩输钱对两税户来说确有困难，于是就有夏钱秋米制度，而夏税钱又可折纳绢帛。因此，田亩税由建中时代的两色（谷帛）变成了三色（谷帛钱）。

入宋以后，宋太祖首先对两税的征收进行整顿，以减轻税户的负担。又除藩镇留州之法，将两税收入尽归中央，唐建中以来的财政收入三分方案至此结束。正如唐建中以后的情况一样，北宋两税额问题是继续实施两税法的关键。太宗时，针对各地两税税额轻重不一的情况，开始均租。但终太宗、真宗朝，两税的征收仍依旧额，不见重定税额的行动。税额无法重定的主要原因恐系隐田未及查清。宋朝清丈土地工作，在仁宗朝有郭谘用千步方田法在蔡州括田，可惜半途而废。

王安石变法时，重修方田均税法。从其主要条文看，首先，北宋定税的依据是土地，即按耕地优劣分五等定税，这和唐后期以资产多少定税，并据此而定两税的办法有很大不同。北宋两税明确为田亩税，而唐代的田亩税仅指斛斗这一色，当时两税不等于田亩税。其次，方田均税法之“均”在于一律依耕地优劣定税，至于税额（每亩税额）则限在旧额之内，所以“均税”并不是调整税额。再次，方田均税法不是以一纸法令定税则了事，而是丈量、定等、公布、书户帖、登账等程序严格配套。方田均税法是唐元稹同州均田、会昌睦州均田、五代柴荣均田之后的一次大规模清丈土地，检查漏税、重新定税工作。虽然只在京东、河北、陕西、河东诸路实施，其积极作用和影响是不能忽视的。当然，也应当承认，由于当政者的反对，某些主管清丈官吏的干扰，豪强兼并之徒的反对，方田均税法难以彻底实施，两税法的定税工作也因此半途而废。王安石变法失败后，北宋国势日蹙，内忧外患接踵而来，全国性定税已难实行。

南宋建都临安，江南各路州县的两税负担自必加重，赋税不均问题再次突显起来。民重困于两税，从长远看，对统治者是不利的。绍兴十二年（1142 年），李椿年言经界不正十害，并主持整理两浙经界数年，完成了 40 个县的民田勘界清丈，核实了砧基簿，确认民户土地面积与土质等级，为合理确定税额打下基础。但因当时吏治腐败，多数县行之不久就停止了。

继李椿年整理经界之后，光宗绍熙元年（1190年）知漳州朱熹又奏请在漳州整理经界。他讲究实施的可操作性，并遍榜郡境，使民知经界不忧而有利于己，因而莫不鼓舞。但朱熹离开漳州后，整理经界一事也就有头无尾，寝而不行。

（2）两税的征收和直接附加税

从两税征收的角度看，两宋夏秋税实际名目是比较复杂的，税额也是非常不一致的。以夏税来说，在南方也不全是征钱，而折征绢、麦等实物。在北方地区，明文规定夏税以交纳小麦为主，但事实上也有交钱的。以秋税来说，南北方均以纳斛斗为主，也有折纳。熙宁五年（1072年）重修方田均税法，夏税并作三色：绢、小麦、杂钱；秋税并作两色：白米、杂钱。其中杂钱系沿纳。可见，宋代两税还是以征收实物为主，纳钱主要是南方商品经济比较发达的州、县。

两宋两税征收过程中，增税的办法很多，其大者有折纳、支移脚钱、加耗、助军米、改钞、斛面、预借等。折纳、加耗前代已有之，已做过介绍，此不赘言。支移，一般是根据税户的负担能力分别输纳税粮的远近，税户不亲自运送者可输脚钱，本不会有很大的压力。然而地方官吏往往巧立名目增税，不管民户有无负担能力，责民支移，高估脚钱，虽九等户也不能免。徽宗时，不再支移而征收脚钱，脚费已成为一种附加税。助军米，是因养兵、作战的需要而开征的两税附加税，其征收在南宋初多次见诸记载。改钞，是受纳税粮中的敛取民脂行为，是以新补亏的手段，即旧欠税粮通过改钞来补足，迫使民户多纳税粮。斛面，指交纳税粮时，量器斛、斗、升在受粮时是否做到沿口沿推平，或要求堆高；有的地区任意制作大于标准的斛、斗受纳税粮。这种手段在五代叫“增溢概量”。预借，指提前征收钱粮，从民户方面说，就是提前交纳税钱税粮。预借方式在唐末五代就已出现，但不普遍。南宋初，开支浩大，不得不借助于预借。

（3）杂变之赋

杂变之赋又称“沿纳”，是唐代以来的杂税，因为常随两税（正税）交纳，所以称为“杂随正纳”，项目包括农具税、牛革筋角税、蚕盐钱等等。农具税至宋初仍然沿纳，大中祥符六年（1013 年）统一停止征收。牛革筋角税起征于五代，宋初附于两税征纳，并可折钱。蚕盐钱之征肇自五代后唐。俵散蚕盐是官盐专卖的一种形式，俵卖对象包括乡村和城市百姓人户。蚕盐的俵卖与征钱主要有两种方式：一种是按家资丰薄或户等高下，确定俵卖蚕盐和征收蚕盐钱的数额；一种是按田税的一定比率来配征。此外还有按户口或丁口数多寡而配征的方式。入宋后，蚕盐钱作为沿纳杂税之一而被保存下来。到绍兴元年（1131 年），两浙路转运司已罢支蚕盐，民户也不交蚕盐钱了。沿纳是宋代赋重民疲的原因之一，曾令一些正直清廉的官员痛心疾首。

（4）丁口之赋

丁口之赋就是以丁为单位征收的人头税，又称“身丁钱米”，其征收范围均属五代时期的江南各小国。从这一点说，丁口之赋也是一种沿纳。当时这些国家征收身丁钱米绢，并不是用来代替两税钱米，而是以额外加征形式出现的。身丁钱米及计丁杂课的出现，自然使丁口之赋形成一种制度，这对两税法的征税原则来说，是一种倒退。这说明，在中国古代税制演变过程中，常出现死的拖住活的，过时的、不适应生产力的分配方式会反复出现，从而形成历史发展的迟滞、曲折。

北宋对沿袭下来的丁口之赋，采取了一些改革措施。太平兴国九年（984 年）令江南、两浙、湖南、岭南人户现有身丁钱，只征及丁而不征及其他人口。大中祥符年间停征身丁钱，但事实上并未尽除，以后又因役钱不充，复征身丁钱，如广南西路元丰初仍在征收。进入南宋后，已罢的丁钱又在征收，并且盛行折纳，民间不胜其苦。

工商杂税与科配

（1）商税和抽解。北宋一开始就有商税法规，这有利于商业流通。主管商税征收的机构是商税院、务、场，北宋四京和南宋临安设都商税院，各州府设都税务，各军、县、镇设税务或税场。它们以征收商税为主要任务，但也负责检查私贩茶盐等缉私任务。

商税的征收范围很广，凡市上交易均须上税。住税税率为 3%，过税税率为 2%，这是有明文规定的。诸商税院、务、场征收商税均有定额，大致而言，商品经济比较发达的地区，商税额高。

两宋对外贸易水平高于唐朝。一是贸易额激增，主要原因是海上运输的发展，使大规模的进出口贸易成为可能；二是有贸易关系的国家增多，东北到高丽、日本，南到占城、真腊、渤泥，西至印度马拉巴尔海岸诸国、爪哇和苏门答腊各小邦，甚至远及阿拉伯、东非各地。两宋管理对外贸易的机构是市舶司。市舶司对进口商品征收其一部分，名曰“抽解”。抽解到的商品往往要运至京城榷易务增价出卖。无论北宋还是南宋，君臣都仰赖市舶司抽解之入，以补国用。

（2）矿冶之课

宋朝矿冶业有较大的发展，矿冶利税的收入是通过租课形式实现的，具体有金、银、铜、铁、铅、锡、水银、朱砂等课，总称矿冶之课。租课是以定额租或分成租形式，向矿冶征收产品，它既是租，又是产品税。宋朝矿课之入非常可观，远远超过以往任何朝代。

（3）盐、茶、酒的专卖收入

宋朝承五代之制，实行严格的榷盐制，主要产盐区解州两池盐和淮南及浙、闽、广海盐的生产，均严格置于官府的控制之下。解盐的生产由官府直接经营，是典型的官办盐业。劳动者提供的是产品，在井盐、海盐生产中也有此种形式。另一种形式是海盐生产中的收购制度，将盐亭户所产盐按照官府所定价格收归官府。另外，蜀中一些小型盐井，由民间自行生产和卖盐，官府只征收盐课，而不去控制。

宋朝的盐税收入包括直接专卖（官搬官卖）收入与间接专卖收入。直接专卖收入，指食盐的生产、收购、运输、销售全部由官府控制而取得的收入。间接专卖或称“通商”，是和直接专卖或称官鬻相比较而言的。为了保证专卖收入，宋代继续实行官盐划界销售制度，各产区的盐均有自己的销售区域，不能互相侵界。

宋朝盐法多变，反映了中央与地方、官府与商人在盐利分配上的矛盾。总的来说，官鬻价格高，扰民又甚；而通商有利于中央财政收入与备边，不易扰民，商销价格也比较低，所以通商有扩大的趋势。

宋朝榷茶之制，即于产茶地置场，一是收取园户的折租课，二是收购园户输茶租后的剩余之茶。园户售茶于官，皆先受钱而后入茶，称为“茶本钱”。又择要会之地，置榷货务，汇集各茶场之茶出售。需要说明的是，诸茶场和榷货务岁入茶租数额不是茶税数额，而是卖茶收入的数额，也就是茶价的总额。

官府之茶，最初允许民间商人在京师榷货务输纳金银钱帛，请取“交引”（券）。后又因西北用兵，募商人入粟、麦、木材等于边郡交纳，政府发给交引。然后商人凭交引到各榷货务领茶，运到指定地区销售。就请引而言，商人向京师榷货务交纳的是茶价，向各榷货务领取的是茶。商人在运销茶叶时，所过之处照章缴纳商税（过税、住税）。就“入中”而言，其法与盐的入中类似。茶商入中沿边州军，到各场务请茶，有一个作价问题。从官府来说，因急于为沿边筹集粮草，必须优价鼓励商人入中；但作价不合理，又导致各场务要多付茶叶。所以围绕着价格问题，实质是利润问题，政府与商人不断展开争夺，以致茶法反复多变。

唐五代以来，榷曲和官酿制度已较普遍，酒税的收入也相当可观。宋朝的榷酒形式多样：北宋的三京实行榷曲，由官府曲院造曲，听任百姓购买，酿酒货卖，“不征其市”。官府从卖曲中获取榷税和利润，属于间接专卖。诸州城内设置酒务，实行官酿官卖，属于直接专卖，或称完全专卖。在乡村（县镇乡间）许民酿卖，而定其岁课，属于特许经营，性质上属于间接专卖。在各类官府酿酒机构中，尤其是乡村酒务坊场，有不少实行“买扑”制，即承包租赁制，性质上也是间接专卖。

宋代酒的专卖采用多种形式，目的是为了攫取更多的利益，其中表现最为明显的是官监与买扑的变换。官府放弃官监，实行买扑的原因，主要是官监经营不善，官府无利可图；而一旦买扑酒务坊场经营出现转机，可获厚利，官府便迫不及待地又收归官监。不仅如此，官府在推行买扑制的过程中，还采用了实封投状法和明状添钱法。前者要求承买者将所出价密封，上交官司封存，到规定期满打开，由出价最高者承买。后者要求承买者在规定时间内出价，出价最高者并不能直接获得承买权，而是公布此最高价，再行投状添钱，第二次投状价最高者才可获得承买权。这两种方法可以说最大限度地维护了官府的利益，而承买者多面临破家失业的危险。

（4）经制钱、总制钱、月桩钱、版帐钱、和买绢、折帛钱

“经制钱”是北宋末年为筹措军费而开征的杂税之总称。建炎三年（1129年），定经制钱从五个方面征收：榷茶酒钱、增添卖糟钱、增添田宅牙税钱、官员等头子钱和楼店务添收三分房钱。后又将上供钱二项附于经制

钱征发，合称七色，就是七个项目。“总制钱”创于绍兴初，其性质与经制钱相同，其来源除头子钱与经制钱相同外，还有耆户长庸钱、抵当四分息钱、转运司移用钱、勘合朱墨钱、常平司七分钱、人户合零就整二税钱、免役一分宽剩钱、官户不减半、民户增三分役钱等。经、总制钱为当时之大害，招致众多朝野官员的反对。

“月桩钱”始行于绍兴二年（1132 年）。当时韩世忠驻军建康，宰相吕颐浩、朱胜非令江东漕臣每月桩发十万缗供军，叫“大军钱”。其后江、浙、湖南皆有之。虽然允许用上供、经制、系省、封桩等钱充其数，但所桩不能抵十之一二，所以最终要横赋于民。月桩钱遂为东南之患。

“版帐钱”也因军兴之需而征收，诸邑皆有，而浙中最重。版帐钱实际上是无名横敛之总称。

“和买绢”之法始于太平兴国七年（982 年），原由官府以库钱贷给民户，至夏秋冬以绢入官冲抵，所以这种和买又称“预买”。但是后来官府所给钱不断减少，民户要输的绢反而增加，成为一种剥削行径。北宋末，和买不给钱，而民户却照样要交“和买绢”，完全成为一种科派。最后，不要民户交没有本钱的和买绢，而要民户把和买绢折钱交纳，这就是“折帛钱”。

3 夫役与职役

（1）夫役的征调

两宋的夫役有春夫和急夫两类。岁有常役，则调春夫，非春时则调急夫，不役者纳夫钱。夫役的承担者为男夫，亦即丁男，服役的项目很杂，如土工、造船、研茶、运输等。南宋地方官民也要开河浚渠，筑城修路，役民之差，难以全赖雇用，而不免征调。所以，南宋一如北宋，地方之夫役时有征发，从未间断。

（2）职役的变化

宋因前代之制设置职役。首先是衙前之役。“衙前”之名唐五代已时有所见，原本为衙门里的应役职事人员。到了宋代，衙前之役主要负责管押运输官物与供给官物，其责任之重，令民畏惧。仁宗时，衙前这一名目又有“里正衙前”、“长名衙前”、“乡户衙前”等几种类别。“里正衙前”以里正轮充，其职责类似户长、乡书手。“长名衙前”多系雇募，如四川、淮南、两浙诸路，职责是主管官物。“乡户衙前”以高资乡户充，职责与“长名衙前”同。

其次是以督课为职役的里正、户长、乡书手。五代时，里正、户长已被差充督课，并承担征税不足受罚的责任。北宋承此旧制，以里正、户长、乡书手督课税。淳化五年（994 年）以第一等户为里正，第二等户为户长。熙宁中以户长代里正主督租赋。

再次是以逐捕盗贼为职役的耆长、弓手、壮丁。五代后周已有遴选耆长与耆长职役的规定，当时的耆长兼有“察奸盗”与“均耗登”（欠收）两项任务。北宋初，定耆长、弓手、壮丁之职役为逐捕盗贼。其实，此后的耆长、弓手、壮丁还有岁时馈送之费，不胜其苦。

最后是供官府驱使的承符、人力、手力、散从等。唐代色役中已有手力、随身、士力等名目，以供官员驱使。除此之外，还有杂任，即各类胥吏。五代时，州府从事、令录，都差点人户为自己的随从。北宋承前代之制，以承符、人力、手力、散从等为官府职役，供其奔走驱使。

以上职役在北宋叫“差役”，其规定亦称“差役法”，盖取其差乡户充役之义。差役法到了仁宗时已问题成堆。熙宁年间，改法呼声高涨，故于熙宁四年（1071 年）正式全面实施免役法。此法的核心是出钱免役、变差役为雇役。免役法实施后，毁誉不一，在实施过程中也出现了一些难以预料的新问题。哲宗继位后，罢天下免役钱，恢复差役法。但差役法恢复后，又存在移富就贫问题，反对者不绝其人。哲宗亲政后又恢复免役法。

南宋绍兴以来，讲究“推割推排”之制。推割之法有利于及时比照各户实际物力征收役钱，推排则为了依资产多少依次排役。孝宗时曾编制一套具体做法，物力高强之户，分别歇役 1 年、6 年、8 年，歇年满即为“白脚”，轮充差役。推割推排之法实行后多少可以缓解差役、役钱不均问题。但南宋时期的社会环境不安定，役法难以日臻完善，民户负担过重问题终南宋一朝而无法解决。

八　辽朝的赋役制度

1 赋税

（1）官私田的田租

辽朝的赋税制度是中原封建赋税制度与契丹族劳役地租制的混合体。与辽朝对峙的北宋已是发达的封建社会，而辽朝社会经济中仍保留着许多农奴制内容。表现在赋税方面，就是辽统治区出现了大量人头税。

辽朝的官田包括无主荒地、屯田、在官闲田等。无主荒地募民耕垦，纳租于官，所纳为具有租税合一性质的田租。屯田多为军屯，由军士耕作，收获产品全部交给国家。这实际上是一种劳役地租。在官闲田募民耕种，纳租于官，实际上是作为国家佃农向官府缴纳的实物地租。至于以游牧经济为主的契丹、奚、女真、室韦等部落的土地占有关系，大体上是在国家的最高所有权之下，以私人占有权为补充的部落公有制，在广义上亦属官田范围。其所纳赋税主要是牧税，计畜科征。

辽朝对私田实行的赋税制度，既受唐宋之制的影响，又有自身的特点。从纳税依据看，唐两税法以资产为宗，宋两税法以田亩为准。辽实行“计亩出粟以赋公上”的制度，似与宋同。实际情况是，辽朝课税的依据既有田产的多寡，又有门第、官品的高下。从纳税内容看，唐两税法在实行中，钱、帛、斛斗三大色是并征的，也存在折纳，主要是以物折钱。辽赋税的征收，也有折纳之法，所不同的是并非以物折钱，而是以钱折物。从征税期限看，辽两税的征收期限沿五代后唐之制，所不同的是钱类的征收期限又延展了一个月，即从九月延至十月。从税外增税看，唐、五代、宋在两税之外都有加增杂税，辽在实行两税法时，也沿袭了中原王朝正税之外的一系列杂税，如鞋钱、地钱、榷曲钱等。此外，辽的一些正税之外的税目，虽非直接承袭唐、五代，但仍有内在的渊源关系，如义仓之税、盐铁之税等。

（2）头下户和二税户

头下户和二税户是辽朝一般编户和部民之外的特殊人户，其存在是以“头下军州”这种契丹特有的制度为前提的。“头下军州”是在国有土地上建立的，是臣属于朝廷的领主的领地。在这种土地上从事生产并负担赋役的人户就是头下户和二税户。

辽朝前期的头下军州，大多是贵族将领以私俘来建立的。这些俘掠来的人户，即头下户，是私家奴隶。后来辽朝普遍推行赋税制度，使这些人户交纳的赋税，部分纳于主人，部分纳于官，从而演变为负担两重赋税的二税户。二税户交纳给国家的是租，因为头下军州的土地实际上是国有土地；而其交纳给贵族领主的是税，是分割出来的一部分官租，因为这些头下主是在国有土地上食税，类似于历代的食封贵族。

还有一类属于寺院的二税户。辽人佞佛尤甚，官府多以良民赐诸寺院，其应纳赋税一半输官，一半输寺院。这实际上是普通编户转化而来的二税户，交纳给寺院的税，实际上是地租；而交纳给官府的一半赋税，才是真正的税。

由私奴构成的头下军州演变为由二税户构成的头下军州之后，还出现了一些非农业人口。这样，就产生了对这部分人征税的问题。在头下军州，同时交纳农业税和工商税这两种性质不同的税收，是其经济成分由单一的农业经济演变为农、工、商多种经济成分的必然反映。

（3）工商之税

辽取得燕云之地后实行了盐专卖，特设榷盐院来管辖。后又将这一制度推广至契丹故地。一般认为，辽实行的是比较松弛的盐专卖制度，加上海盐产量较多，盐价较为平贱。北宋政府曾对辽盐大量走私入宋深感头痛。

辽对矿冶的经营与控制，始于阿保机即可汗位之后，先后设立了十余处矿冶。这些矿冶的经营方式，大多是由具有特殊户籍的人户进行采炼，所得产品，或以赋税形式纳官，或直接归官所有。采炼人户大多是被征服的汉人和其他少数族人。

辽有商税之征，大体上包括属于过税的关税和属于住税的市税，以及酒、木、茶诸物之税。商税之征因时因地而有轻重之别。工商业较发达的南京、西京道，商税较重；经济较落后的上京、中京道，商税则较轻，那里有些州县商税开征也较晚。

（4）户丁税

唐两税法实行后，公开的人头税可以说不存在了。但是，到唐末五代，人头税又以身丁钱米绢等形式再度流行，出现了资产税与人头税并行的局面。宋朝继续了这一发展趋势。到了辽朝，人户的赋役不少是人头税役性质的。究其原因，当和存在于辽朝社会经济中的奴隶制、农奴制等因素相关。

辽朝除田赋之外，还有户调，即户丁税。为了便于征收户丁税，辽朝经常进行户口清查工作。户丁税征收的具体制度不详，大约是各随土宜，依一定数量输官。

徭役

（1）一般徭役

辽朝的徭役名目繁多。驿递、马牛负责官府物资的运输、文件的传递，包括粮饷的供应、贡物的进奉、诏令章奏的传达等。乡正、厅隶负责课督赋税、维持地方治安。仓司负责保管官府财物。旗鼓可能类似于宋代的弓手，大约负有追捕盗贼的职责。这些徭役与宋朝的职役相似，由有一定财力的“良民”负担。后来辽朝改出人应役为出钱免役，可能也是受了宋朝免役法的影响。

除了具有职役性质的诸项目名称外，辽朝的徭役更多地表现为因地而异、役不以时的差役和杂役。有的是运输官物，有的是为皇帝游幸提供人力物力，有的是为皇室、贵族、官僚修建各式建筑物。当然更多的是为了满足军事需要的临时调发。这是由于辽朝处在四战之地，与宋朝及周边民族之间战事频繁。此类调发不仅征之于编户，而且是随处任意拉夫，毫无规矩可言。

与两税正额相比，徭役是辽朝百姓更为沉重的负担。由于应役时间长，致使农事荒废，连统治者也不得不承认这一点。后来虽进行了役法改革，给服役者以种种优待，但百姓的负担仍未从根本上得到减轻。

辽朝的匠役以官奴及各种役徒为主，不但比宋朝以募匠为主的制度落后得多，而且比唐朝以番匠为主的制度也要落后。在辽的国有工场中服役的工匠主要有两类，一类是奴隶，另一类是从官户中征集的役徒。役徒中又有几种不同的情况。从服役时间上看，有番代的，也有终身任役的。内府百工以奴隶为主，营造之役则多以役徒承担。奴隶所受待遇自不待言，役徒实际上也处于国家农奴的地位。此外，还有一些具有特殊户籍的人户在各地的官营手工业中从事生产。但他们在性质上有别于役徒，其所纳生产物类似实物地租，因此将其归入赋税范畴而非徭役范畴。

（2）兵役

早期的契丹族是兵民合一的。辽朝建立后，从军变成一种纯粹的义务和苦役。按照辽朝的制度，男丁皆有应征从军的义务，而兵士又有正军和家丁之分。

辽朝的军队分为禁军、部族军、宫分军、群牧军、舍利军、亲王大臣军、京州军、属国军。禁军是由皇帝直接调遣的常备军，其主力是由诸部豪健者组成的皮室军，有数万人骑。皮室军的兵士须服役至年老不能作战为止。部族军以部落为单位，包括契丹诸部之军、奚军、渤海军。部民除了作为部族军的一员分区驻守防卫之外，有的还要被征戍边，所需车马、衣甲、粮草等一概自行筹办，因此疲惫不堪。辽朝还有一种名称特别的戍边之军——“糺军”。“糺”专指辽朝北边除汉人、渤海人之外的被征服各族人；“糺军”则是东北路和西北路边防军的泛称，其任务是屯垦戍边。京州军主要是由汉族乡丁组成，兵员虽多，但并非主力。

除上述诸军外，宫分、群牧、舍利、亲王大臣、属国诸军的兵士也都或多或少含有服兵役的性质，只是其身份地位不尽相同而已。

辽朝军队的装备，最初是由兵士自行置办，后来由于许多从征丁壮家境贫困，无力负担可观的装备费用，才改为国家供给一部分。辽前期军队出征，士兵粮饷靠各人自行解决，在许多情况下，实际上是靠自行抄掠来解决的。辽后期战事减少，军粮越来越难以靠这种办法获得，因此也可能由国家提供部分粮草。辽末因百姓逃避兵役，乃兼行募兵之法。由于兵役负担沉重，从军者日益贫困化，征兵之法趋于废弛。

九　金朝的赋役制度

1 赋税

（1）猛安谋克户和牛头税

金朝的赋税制度就其性质来说与辽朝基本一致，也是先进与落后制度合二为一的混合式赋税制度。金人已深入中原腹地，故受汉制影响更深。但其制度仍然有自己的特点，猛安谋克制与牛头税制便是例子。

“猛安谋克”在金政权建立以前，是女真氏族军事组织的名称，后来随着国家的出现，这一组织与作为地域组织的村寨结合起来，成为一种特殊的地方组织，同时仍保留其军事组织的性质。猛安谋克迁入中原后，犬牙交错于汉人州县之间，与州县并行成为两套组织。

在猛安谋克户内，有正户与奴婢户的区别。正户按照种族来说，有女真人、奚人、契丹人，还有一部分汉人、渤海人和北方少数族人。不过契丹人正户后来数目大减，汉人正户则完全废除，只有女真人始终得为猛安谋克户。此外，有些人如免除奴婢身份改为良户的，也可获得正户的资格。作为猛安谋克户而享有各种权利的，当然只有正户。

猛安谋克户耕种的土地为国有土地，称为“牛头地”，所纳税为“牛头税”，又称“牛具税”。每耒牛三头为一具，限民25口受田4顷4亩有奇，岁输粟大约不过1石。当然牛头税制也经历了一些变化，主要表现在税额的增减与税粟用途的变化。牛头税的征收，不管一牛具土地收获量的多少，都根据国家规定交纳定额的税粟。它比汉人负担的两税轻得多，这对猛安谋克户是有利的。

（2）两税和物力钱

金朝继承了宋、辽之制，对一般民户征收两税。征税时，根据肥瘠程度将田亩分为九等，按等征税。金朝废除了辽朝以门第、官品高下为征税标准的做法，是一种进步。但因其社会制度的落后，实际执行恐未必尽如法令。

金朝夏税亩取三合，秋税亩取五升，又纳秸一束（每束15斤）。夏秋税合计比北宋秋税下田所征七升四合，尚少二升一合。但与猛安谋克户所纳牛头税相比，一般民户所纳两税还是很重的。金朝两税征收重在本色，对折纳有明确规定，如在满足了国家粟米储数的需要、便利民户纳税等条件下，才能折纳。两税既然要输本色，便存在税粮运输的问题。金朝廷注意到了输送距离与税粮数量之间的关系，因此税法中有税粮随距离加长而递减的规定。但减免的比例很小，税户的负担依然很重。金朝税法规定：夏税六月起征，至八月止；秋税十月起征，至十二月止。金中叶对税限又做了调整，将部分地区的夏税起征期推迟了一个月，而秋税起征期则普遍推迟了一个月。

猛安谋克户纳牛头税，一般民户纳两税，除此之外，金朝所有人户还必须缴纳物力钱。物力主要包括土地、奴婢和其他各种资财，据此将民户分为上、中、下三等，征收物力钱。金朝既已据田亩征收牛头税或两税，又将土地列为征收物力钱的依据之一，实际上是重演了历代统治者税外增税的故技，尤与唐前期每户除租庸调负担之外，还必须依财富多寡缴纳户税一致。

（3）二税户

辽朝二税户有隶属于头下军州的二税户与隶属于寺院的二税户。辽朝灭亡后，头下军州制度不复存在，其二税户自然也随之消失。由于金朝统治者也崇信佛教，很多辽朝寺院继续存在下来，大量的寺院二税户也继续存在。

寺院二税户入金后，其存在本来是被允许的，但寺院主往往将其压良为贱，由寺院主的依附农民变为奴隶。因为按照金朝的规定，奴隶只供役而不再向国家输租，寺院主可借改变二税户的地位而尽享其所交赋税，国家则随二税户变为奴隶而损失了一部分赋税收入。同时寺院二税户对自身地位的下降也十分不满，不断与寺院主展开斗争。他们不断向官府申诉，要求改变自身的奴隶地位。金朝统治者出于维护赋税收入的目的，遂利用了寺院二税户的不满和反抗，将其大量放免为良。

值得注意的是，被压良为贱的二税户，凡具有“凭验”能证明其原来良民身份者，即可恢复其良民地位。但是没有“凭验”者，则恢复为辽朝时寺院二税户的地位，亦即放免为“驱”，所纳赋税，官府与寺院主各得其半。这些人的身份地位既已改变，遂不再沿用二税户的名称。这样，作为辽、金两朝赋税制度之组成部分的二税户制度最终消亡，尽管它还留有一些尾巴。

(4) 工商之税

在金朝各种专卖品中，盐居于首位，在诸项收入中所占分量最重。金朝盐法的形成有一个逐步接受辽、宋制度，逐渐完备的过程。“钞引制”和“乾办制”是其盐法的两种主要制度。

“钞引制”仿自宋朝。商人贩盐，须先按引缴价，领取钞引，凭引到盐场领盐，在官府指定的地界行销。“钞”是收款凭证，代表现钱；“引”是提货凭证和特许运销执照。金朝钞与引分为两物，但须同时使用，按钞计引，按引支盐。这与宋朝有所不同。在钞引法下，政府不直接控制盐的生产，而是让灶户按课额制盐，官府低价收购，再以高价批发给商人，商人再加价出售于民。

“乾办制”是令民自煎或别市另买而食，而按户口摊纳盐钱，称为“乾办盐钱”。这是五代食盐钱、辽朝盐铁钱的遗留。它实行于某些私盐易得、巡缉较难的产盐区。在乾办制下，民户可自买盐吃，盐户可自煎盐出售，商人也可于纳税后自行贩运。但乾办盐钱有定额，有的地方定额太高，百姓负担沉重。

酒是金朝另一种重要的专卖品。史书称金朝榷酤因袭辽、宋旧制，具体因袭了哪些制度，不得其详。不过从有关记载看，京城中都实行官造曲，听民购买，颇与北宋之制相类。京城之外的各地，酒的专卖大体上有两种方法，一是官府酿酒出售，一是百姓纳酒税。前者是比较纯粹的酒专卖，官府收益采取了寓税于价的形式；后者是从酒专卖演变而来的专卖税，其形式已与商税相近。但总的趋势是酒专卖向纳酒税演变。民户完纳酒税，即可私酿私酤，政府也不再以严刑峻法对私酒加以禁止。

茶虽被金朝官方列为专卖品，但其制度远不如盐、酒完备。金朝辖境在中国北方，多不宜植茶，然而自唐宋以后，饮茶之俗普及民间，故金朝每年不得不以大量物资向南宋换取茶叶。金朝政府欲专得茶利，故禁止私贩，由官府自己制茶。但所制茶质量不佳，又以官茶摊派民户，强卖取利，甚至还限制民间食茶。总之，金朝对于茶的产销之控制，始终未能走上正轨。

金朝的商税，大体有以下几类：一是住税与过税，二是租赁之税，三是交易税，四是山泽之税。此外，金朝还有名目繁多的杂税。如铺马钱，为供驿递养马与造船之费所纳税；军须钱，即军费补贴；输庸钱，品官之家免征杂役，但须验物力出雇钱，称为输庸钱；司吏钱，司吏乃金朝职役之一种，应役户输代役钱及免役户纳助役钱，称司吏钱；河夫钱，即黄河夫钱，为治理黄河，近河之地出夫役，不差夫之地均征雇钱；桑皮故纸钱，即供钞币工本所费之税，等等。

2 徭役

（1）猛安谋克户的兵役与差役

服兵役是猛安谋克户对国家所承担的最重要的义

务。在“壮者皆兵”的制度下，本无所谓服兵役。但金朝入主中原后，“壮者皆兵”之制渐被征兵制所取代，猛安谋克户的部分丁壮被签点为常备军，这便具有服兵役的性质。按照当时的征兵规定，大致一个家族要出正军、阿里喜各一名，若父兄为甲军（正军），子弟则充阿里喜（甲军的副手）。若一家族出两丁，再无余丁时，免其子弟充阿里喜，并允许以驱丁代充。

猛安谋克户中的部分丁男被签点从军后，要担任轮班卫戍边境的任务。金朝统军司或招讨司属下的常备军，就是由他们组成的。他们不仅守卫边疆，还要警备驻屯的州、县，有时还要卫戍京师。后来，猛安谋克内部的贫富分化日渐加剧，这种征兵法的推行便遇到困难，终于不得不被募兵法所取代。

除兵役外，猛安谋克户还要服差役。金朝的各种差役，统称“差发”。金前期对猛安谋克户差役的规定相当不明确，可能以临时性差派为多，且多以奴婢户应役。金世宗大定中，开始进行“通检推排”，一是纠正猛安谋克户过去任凭胥吏之言摊派差役，造成负担严重不均的现象，并且改革过去按人丁摊派差役的不合理做法；二是制定新的制度，调查核实猛安谋克人户物力，按物力分为上中下三等，作为课税派役的根据。

猛安谋克户（包括正户和奴婢户）所负担的差役，主要有以下几种：第一，应征任群牧或各官衙中各种事务的管理人员，以及应役供群牧或各官衙驱使；第二，在帝后行幸狩猎时应征充当扈从军士或宫阙军士；

第三，修筑运河等公共工程；第四，对于住在边境上的猛安谋克户课以养马的义务，以备缓急之用；第五，服杂役；第六，担任寨使。这些差役负担，是金人入主中原后，猛安谋克作为与州县并存的地方组织，所应承担的义务。

（2）州县民户的差役

金朝州县民户的差役大致可分为职役与一般徭役。金朝职役之制大约介于辽、宋之间。金朝职役在性质上比辽更加明确，但在具体规定上尚不如宋制明确。坊正、里正、主首等是基层政权的职事人员，行使的是基层政权的职能。这些人员采取富户出钱、强干有抵保者充当的办法雇募而得，这自然是模仿宋朝的雇役法。因职役乃是差役中的一类，所以要按照先富后贫的原则；又因为服职役者大多负有一定的经济责任，故要选择经济上有补偿能力的人员充任。金朝州县民户的职役还包括库子、押递、攒典、仓子、场子等，他们都是为官府保管、运输财物的人员。

此外，金朝从中央到地方，各级官府都设有名目不同、数目不等的司吏、公使人供官员们差遣。这些司吏、公使人任期有限，不领薪俸，与任现职者不同，是“无职事者”，因此具有职役的性质。

州县民户的一般徭役可分为民役与军役两类。民役包括运输、修筑等役，其征调逐渐多以和雇的方式进行，但由于受雇者往往拿不到雇钱，事实上仍是无偿服役，并不是严格意义上的和雇。州县民户的军役与猛安谋克户兵役有所不同。金朝的常备军一般不以汉人为兵，但步兵多为汉人，并且汉人所服军役还包括运薪水、掘壕堑、张虚势、搬粮草等更劳累、更危险的活儿。所以军役对州县民户来说，其危害程度并不亚于民役。

州县民户的一般徭役中还有一项特别的名目，叫“丁力”。贫苦百姓沦为私家奴婢，官府以钱赎之，这些人必须服徭役偿还，称为“丁力”。丁力的具体内容，大概也包括运输或修筑之类的劳作。

金朝的职役按规定由富户承担，而一般徭役则无论贫富均须承担，但徭役的摊派仍须遵循一定的原则。具体地说，对州县民户征调差役，是依据各户的财产和人丁状况，即按户等征调，先及富户；若财力相等，则以丁之多少分为甲乙户，以便签差。遇到一家不能负担，又不能分任的差役，就采取以次户为协助的办法解决。

(3) 匠役

金朝廷控制着重要的手工业部门，役使工匠从事生产。工匠服匠役，构成金朝徭役的一个特殊部分。金朝官府控制的手工业，除前述制盐业由官府间接控制外，铸钱、造船、丝织等行业则全部或部分由官府直接控制。关于铸钱业，海陵王时有宝源、宝丰、利用等铸钱监，金世宗又增设阜通、利通等监。由于生产规模大，铸钱业中除一部分专业工匠外，还雇用百姓从事生产运输，甚至向民户摊派差役，以补人力之不足。在造船业中，工匠要按既定设计建造船只，对所用物料有严格规定，造一艘船所需材料的件数、每件的尺寸和重量，都一一做规定。金朝在重要的丝织品产地都设置了官营机构，以工匠从事织造，如在真定、平阳、太原、河间、怀州等处设绫锦院。此外，少府监所管织染、裁造、文绣等署，也役使人数不等的工匠从事丝织品的生产。

从金朝徭役的演变中，可以看出其发展趋势是朝着缴纳代役金和雇役的方向发展。这是符合唐宋以来力役在赋役总量中比例下降的总趋势的。但是与唐宋相比，金朝严格意义上的和雇并不多，而更多的是将纳钱代役当做扩大就役面、增加剥削的手段。

十　元朝的赋役

赋税

（1）北方地区的税粮和科差

税粮分丁税、地税两种。《元史·食货志》所说“丁税少而地税多者纳地税，地税少而丁税多者纳丁税”乃是其纳税原则。这种含糊其辞、没有统一标准的税制，事实上难以行得通。实际上税粮制度的制税原则是，除了具有特殊户籍的人户，如工匠、僧道、军户、站户等，按田亩纳地税外，其余民户均按成丁人数纳丁税。

丁税方面，蒙古政权先是以户定税，每户税粮开始为二石，不久增为四石。太宗丙申年（1236 年）起，改为以丁定税，每丁粟二石，驱丁、新户一石。地税方面，将旱地分上、中、下三等，每亩地税分别为三升半、三升、二升；水田每亩五升。中统五年（1264 年）改为旱地每亩三升。至元十七年（1280 年）规定地税一律为每亩三升。

科差包括丝料和包银。科差的征收对象，主要是一般民户。中统元年（1260 年）定户籍科差条例，将天下人户分为四大类：元管户，即过去业已登入户籍，而在官府重新括户时情况没有变化的人户；交参户，即过去括户时曾经入籍，后来迁徙他乡，因而在当时重新登录著籍的人户；协济户，即没有成年人丁的人户；漏籍户，即过去从未著籍的人户。而每一大类之下又划分为几个小类。科差的征收额按各户类别而不同。

科差是元朝时北方人民的又一项沉重负担。世祖中统元年（1260 年）与太宗丙申年（1236 年）相比，丝料征收增加了一倍。包银在丙申税制中并未出现，乃是宪宗乙卯年（1255 年）额外新增的项目。包银起初仅施行于真定一路，及平定河朔，又推行于各路，正式定为税目，规定每户科纳包银六两。因民力不支，减为四两，其中二两征银，二两折纳他物。世祖时又规定诸路包银只以钞输纳。

包银已属额外增税，后又出现以钞折纳的附加税，称为“俸钞”。这是元初以官吏无俸为由而增设的。其征纳办法是以户为等第，全税户纳一两，减半科户五钱。

（2）南方地区的两税

与北方的丁税、地税相比，南方的两税是纯粹的土地税。南方的两税以秋税为主，征收粮食，夏税一般是按照秋税征粮数额分摊实物或钱。秋税没有统一的税额，不仅各地区之间存在差别，同一地区内也因土地等级的不同而有不同的税额。总体看，南方秋税课额高于北方地税每亩三升这一数额。其原因恐怕是北方一般民户按丁纳税，南方则按田亩纳税。

夏税的征收有征收范围的问题，也有折纳的问题。

元世祖平江南，仅于江东、浙西征夏税，按南宋原有的办法征收，一般是按土地等级摊派实物，也有以实物折钱的。自元贞二年（1296 年）起，浙江、福建、湖广也征收夏税，仍依南宋体例交纳。夏税的征收，是以秋税征粮数额为基数，再按一定的比率折收。如江浙、福建等地，凡秋税一石者，输夏税一贯，或一贯 500 文，或一贯 700 文，或二贯、三贯。

元朝有大量官田，包括屯田、职田、学田、无主荒田、没官田和掠自民间的土地，也有其租税制度。官田之税具有租税合一的性质。北方官田集中在江北、两淮地区，为鼓励垦荒，对佃种官田者给予免征三至四年租税的优惠，但此后的税率不详。南方官田集中在江南，尤其是两浙地区，也有优免租税的规定，但优免额度不如江北、两淮官田。最初江南官田的租额相对较轻，元朝中后期税率达到 50% 以上，并有许多附加税。

总的来看，元朝赋税制度比唐、宋之制落后是无疑的，甚至比辽、金更落后些。辽、金对北方普通民户仍征收两税，而元朝则一反唐以来两税法的一贯精神，对北方普通民户课取具有人头税性质的丁税。

2 工商杂税

(1) 专卖与专卖税

元朝严格控制和垄断盐的生产和销售，实行“食盐法”和“行盐法”。“行盐法”为商运商销法，元朝在大部分时期和大部分地区实行此法。它的基本程序是商人向盐运司纳钱，换取盐引，凭引到盐场或盐仓支盐，然后将盐运到规定地区贩卖。商人运盐赴所卖地点以前，还须先行具报，由盐司发给“水程验单”，沿途经过官司，依例盘验。到达指定地点后，由当地官司验明引、单无误，方许发卖。

“食盐法”在元朝虽不占主导地位，却是元朝加强盐专卖的集中体现。食盐法是官运官销之法，它的基本程序是官府按照居民人口数（或户数）强行分摊盐额，按额征收盐价。大体上，从元世祖时起，部分地区始行此法，到了元中叶，此法在更多地区推行，直到元顺帝至正初年才完全废止。推行此法的地区，一般是产盐地及其附近地区，官府不易控制盐的私售，故行此法。或者原来推行盐法的地区，出现盐利亏空，也改行此法。盐引制度同样适用于食盐法推行地区，即各县官司须向盐运司领取盐引，才能赴盐场支盐。将盐运回各地均配给卖后，各县官司须按引目输纳盐课。

元朝国之所倚资财，其利最广者莫如盐，盐课收入曾占之朝年货币收入的一半以上。元朝增加盐课收入的主要手段不外乎提高盐价和增发盐引，这是盐专卖制度下的一贯做法。

元朝对茶的生产与销售也加以控制和垄断，而对销售的控制更为侧重。元之茶课虽沿袭宋制，但与宋的榷茶之制颇不相同。元之榷茶，先让茶商向茶司（榷茶都转运司及提举司）缴纳茶税，领取公据，然后到产茶区按公据载明的数量向茶户买茶，再回到茶司缴回公据，换取茶引，凭茶引发卖茶货。所以元朝的茶课具有完全独立的税收形态。茶引之外又有茶由。茶引是供茶司向大茶商作批发之用，而茶叶消费者与小商小贩若向茶司买茶自用，或小批量转运零售，须向茶司纳税换取凭证（茶由）。

与盐、茶不同，酒、醋可随地酿造，官府难以控制其产销。元朝的酒醋政策经历了由课税而专卖，再由专卖而课税的变化。元初实行酒醋课税制度，酒课一直是固定征收的，而醋课时或征之，时或免之。卢世荣秉政后，改征酒税为专卖，官设酒库，造酒发卖，禁止私酿。实行专卖后，所获收入曾达到原来酒税收入的 20 倍。实行酒专卖却无法禁绝私酒，加上卢世荣秉政为时甚短，榷酤之法行之未久即被废罢，又恢复酒课制度。一般民户在缴纳一定数量的酒课后，可酿酒自用。卖酒人户，则须按酿酒所费米谷斗斛之数缴纳酒税。一般民户输纳的酒课称为“门摊”，纳者为“有地之家”，显然是按户摊派，且摊派时要按各户实有土地亩数均科。

（2）一般工商之税

元朝的洞冶课是对山林川泽征收的课税，有矿产（金属矿产和非金属矿产）和非矿产之税。

金属矿产的课税包括金、银、铜、铁、铅、锡等的课税。元朝金属矿冶生产，既有民间自行采炼，也有国家组织采炼。官府对民间自行采炼所出产品，或征定额税，或征分成税，这部分收入属于赋税性质。国家组织各类坑冶户采炼金属矿物，所得归官府，这部分收入，主要属于官营手工业生产所得，但从坑冶户向国家输纳的角度来考察，又具有赋税性质。

非金属矿产的课税包括水银、朱砂、矾、硝、碱、玉等的课税。元朝对非金属矿的控制较松弛些。水银、朱砂主要由私人认包采炼，交纳定额课税。矾矿的经营方式和纳税办法比较多样，民营矾矿或纳定额税，或纳分成租。官营矾矿出产之货，也有设矾引发售者。玉作为奢侈品，地位比较特殊，玉矿多为官营，一般情况下并不发卖。

非矿产之物的课税包括珠、竹、木等的课税。珍珠主要由官府经营，也有民户捞采，官府收买的。元初设司竹监掌管竹之课税，定竹价为三等，卖与民间。至元四年（1267 年）官卖竹货采取发行竹引的办法。至元二十二年（1285 年）罢司竹监，听民自卖输税。在官营、民营并存的情况下，总的原则是“在官者办课，在民者输税”，即官营主管部门每年应上缴定额竹课，而民间则缴纳竹税。

至元二十六年（1289 年），元朝于浙东、江东、江西、湖广、福建设置木棉提举司，每年向民间征收木棉布 10 万匹。这是向人民课取棉布实物贡赋。两年后，因这一征派不符合棉花生产实际情况，故罢提举司岁输木棉。元贞二年（1296 年）定江南夏税，令民输木棉、布、绢、丝、绵等物。可见，元朝棉税既有作为农业税的一部分，定期缴纳的；又有作为单项税收，临时征派的。

元朝瓷器产地遍及全国。各地瓷窑大部分都是民营，瓷课也就成为元朝一项重要的手工业税收。元朝在各瓷器产地设有负责征收瓷课的机构。当时最重要的瓷器产地是江西景德镇，设有浮梁瓷局，改宋监镇官为提领，收取课税。景德镇有民窑300多座，窑课按二八抽分，即收取20%的产品或产值作为税收。当时窑户除负担正额窑课外，还要应付各种苛捐杂税，实际负担大大超过名义上的税额。

元朝的商业极为繁荣。朝廷力图通过官营商业垄断商业利益，拥有政治特权的贵族、官僚、僧侣也参与商业利润的瓜分。尽管如此，为数众多、遍及城乡的中小商人，还是元朝商业的主要经营者。对于他们，朝廷主要是以征税的方式，控制其贸易活动，并强制分割其所得商业利润的一部分。

元朝商税分正课与船料两种。正课是对商贾买卖征收的营业税，以及买卖田宅、奴婢、牲畜等所征收的交易税。船料课也称“船钞”，是对商业用船征收的税。优待商贾是元朝的社会特色之一，商贾所受优待主要表现为经常享受减免商税的优惠，以及拥有包税特权。

元朝海外贸易十分发达。最初继承宋朝的市舶司制度，至元三十年（1293年）和延祐元年（1314年）分别制定了新的市舶法则。元朝不再像宋朝那样对部分舶货实行禁榷，也搞“博买”，但在抽解之外，增加了一项舶税，此税是在抽解后的货物内，再收取三十分之一。市舶司每年抽解和抽舶税所得货物，除一些珍奇宝货上贡朝廷之外，其余一般都在市场上出售，再以所得款项上缴中央。为保证市舶税入，元朝还制定了一系列防止偷税漏税的条例，任何人不得利用权势逃避税收。

（3）杂税

元朝杂税统称为“额外课”，大体上承袭宋金旧制，但也有本朝新创立的税目。《元史·食货志二·额外课》所载额外课主要项目有32类。额外课的征收对象十分广泛，有很多是属于因地而异的税入。那些带有地方特产税收性质的额外课，很可能是从历代具有土贡性质的地方课税演化而来的。额外课的征收，有的是采取分成抽取，有的则是由专业人户每年依例缴纳一定数量的实物。元朝政策多变，对于一些百姓恃以为生的物产，时而课以税收，时而禁其采捕，造成有关制度的间断和混乱。同时，在额外课的征收中，不顾实际情况的变化，强征强派的现象并不少见。

3 徭役

（1）杂泛之劳

元朝一般力役称作“杂泛之劳”，而差役则成为职役的专称。杂泛主要包括两方面，一是人夫，二是车牛，车牛实际上也需要人夫驾驭。杂泛之劳的内容十分广泛，造作官舍、治理河渠、修建城池、递运官物等等。对于杂泛之劳的征调，尽管朝廷不止一次地颁发诏令，民间杂役勿夺农时，但实际上从中央到地方各级官府，可任意滥派杂泛，完全置农业生产于不顾。

元朝前期，除义夫节妇、一产三男等，全体民户都要承担杂泛之劳，而民户以外的匠、军、站、儒、医、僧、道等户均可免征杂泛。到了元中期，由于享有免役权利的户数很多，使官府在征调徭役方面遇到很大困难，遂做出新的规定：除大都至上都的站户、边远地区出征的军人、僧道可有条件地免杂泛差役外，其余人户一律承担杂泛差役。杂泛的差充原则是根据各户的财产情况进行摊派。但在不同地区，对不同的项目，差充的办法往往有很大差别。有的杂泛只在一部分比较富实的人户中差充；有的则不论贫富，普遍按田土数或税粮数进行摊派。

（2）差役

元朝差役的项目，严格说来，只有里正、主首、隅正、坊正、仓官、库子等六种，前四种为基层政权的职事人员，后两种为保管官府财物的人员。农村行政区划一般分乡、都两级，乡设里正，都设主首，为官府催办各项赋税，负责地方治安。城市行政区划，有的在录事司下分隅、坊二级，有的仅有隅一级。隅设隅正，坊设坊正，负责官府排办造作、祗应杂务、羁管罪人、递运官物、催办地钱等。地方上的各种仓库的仓官、库子，都差民户充当。

差役的承当人户，也和杂泛一样，经历了由民户扩展到其他各种户的变化过程。元朝前期，民户以外的其他各种户，一般都无须承担差役。元朝中期以后，朝廷多次发布诏令，反复重申取消原先各种人户的免役权利，将免当差役的人户减少到最低限度。

差役的摊派原则与杂泛一样，也是根据各户的财产情况进行摊派的。但差役在性质上与杂泛毕竟有所区别。杂泛是力役，官府摊派杂泛是为了无偿征用劳力，至于前来服役的劳力贫富与否，则是无关紧要的。差役是职役，官府在选差时，不得不考虑其政治上是否可靠，经济上是否富实，以便发挥其基层政权职事人员的作用，并在官物出现亏空时可令其赔偿。所以，差役的对象只能是地主和一部分比较富裕的自耕农。不过在不同地区，对不同的项目，摊派差役的办法也有所不同。有的以户等为基础，将人户分为三等九甲，在上户或上、中户内轮流差充；有的以一定数额的田土或税粮为准，在规定数额以上者充役，以下者免役。

元朝中期以后，有的地方逐渐放弃摊派差役要有一定资产限制的原则，而实行随产定役的办法，以扩大应役面。大致是田多者应重役，田少者应轻役；不能独立承担差役者，可数户合并，共当一役。

(3) 军役、站役、匠役

此类役与差役的区别在于：承担此役者是终身服役，而且世代相袭，差役则是轮流充当；承担此役后其他赋税可得到减免或照顾，承担差役则无此优待；承担此役后仍须承担杂泛差役。

元初兵士，或壮男悉签为军，或依丁户抽派，或临时签定，或配罪犯为之，原无定制。既平定中原，曾为军者，编为军籍，不可更易。军户负担颇为不轻，凡鞍、马、衣装、器杖等，皆须自备。军户拥有的土地，初定输半租，后定四顷之内免输地税。元朝前期，军户可免杂泛差役；中期以后，原有“赡军产业”可免徭役，但续置产业仍须承担杂泛差役。此外，军官之擅科徭役、高利借贷、假名多取、私役军力等，给军户造成了更沉重的负担。

元朝驿传，通称为“站”。专供驿传之户，谓之“站户”，或曰“站赤”，不与民户同籍。站役包括陆站养马（或狗、牛、骆驼），水站保养船只；陆站出马夫（其他牲畜也要出劳力驱使），水站出水手；供应“首思”，等等。“首思”为蒙古语音译，原义为汤、汁，泛指站户负担的过往使臣的分例（饮食、灯油、柴炭等）。站户田土四顷以内不输租，用以供站。

蒙古军在灭金、宋过程中俘获、搜括了大批工匠，还招收漏籍、析居、放良、还俗等户以习工艺。匠户专立匠籍，除于所在地织造制作以上供外，凡特殊建造，如修筑行宫之类，也括匠户以当其役。匠户由官府给赡或分配土地，以供其生活，其土地一顷之内免输租税。元朝前期，匠户免征杂泛差役。大德七年（1303 年）以后，始与民户一起均当。元朝官营手工业规模庞大，远在宋、金之上；种类十分繁多，有 22 大类。这些手工业需要的匠役数量之多，可想而知。

总的来看，元朝徭役制度有两大特点：一是不仅雇的成分有所减少，而且应役面扩大，这和唐宋以来力役之征趋于减少的发展方向相违背；二是北宋以来名目繁杂的职役，至元朝已出现了分化，如司吏、公使人等作为国家统治人民的真正倚靠力量，已从职役中分离出去。

十一　明朝前期的两税法

1　土田户籍与两税法

（1）编造黄册和鱼鳞图册

明朝于洪武三年（1370 年）在全国范围内推行户帖制度，户部置户籍、户帖，各书户之乡贯、丁口、姓名、年龄，户籍藏于户部，户帖发给民户。洪武十四年（1381 年）又在户帖制度的基础上，建立了黄册（上报户部的赋役册封面为黄纸，故名）制度。黄册不仅登记各户的乡贯、丁口、姓名、年龄、事产情况，而且每隔 10 年必须重新核实编造，将本 10 年内各户人口的生死增减、财产的买卖和产权的转移等等，一一登录在册，并分别列出旧管、新收、开除、实在等四柱细账。黄册制度还规定了一套严密控制基层社会的里甲制度，把一切人户都编置在里甲之中。

黄册的编制体例是以户为主的，虽然登录每户的土地亩数，但土地的四至界址等情况却没有反映出来，一些狡猾的田主仍可设法隐瞒田产。为了更有效地保证赋役的征收，洪武二十二年（1389 年）把江南等局部地区编绘鱼鳞图册的办法推行于全国。鱼鳞图册是土地登记册，又称为地亩册、地亩坐落册、弓口册、丈量册、流水图、铁版簿等等。鱼鳞图册分为总图和分图两种。分图以里甲为单位，每里置一图。把一里同一地段内位置相连，但所有者不同的各块土地，经过丈量呈报后，按照《千字文》编字顺序编号，绘成分图。每份分图详载地块名称、类别、面积和四至等项，以及管业人的籍贯、姓名。土地的形状，用线条勾画出来。由于土地形状多半是不规则的，故其图状似鱼鳞。再以若干里的分图汇总为以乡为单位的总图。总图置于该乡鱼鳞图册的扉页，其内容包括该乡的封界四至，乡都内的土地类别、数量、编号、业主及道路、河流、山坑等。合各乡之图，而成一县之图。县图汇总之后，逐级上报到户部，户部则汇总各地上报的土地数量，据此征收田赋。

鱼鳞图册是以土田为主、以人户为次的册籍，它与黄册对保证官府切实掌握全国的户口和耕地，保证赋役的征收，起到了相辅相成的作用。

（2）整顿两税法和田赋科则

明初的两税法，原则上与唐宋的两税名目一样，分为夏税和秋粮，夏税不得过八月，秋粮不得过次年二月。洪武时，夏税交纳米麦、钱钞、绢，秋粮交纳米、钱钞、绢。大略以米、麦为主，丝绢、钱钞次之。

明前期的两税法，虽然在原则上沿袭了唐宋的两税之名，但在内容上并非“皆循其旧”，而有自己的特点。主要表现为夏税秋粮所包含的税目十分繁杂琐细。弘治十五年（1502 年）时，两税税目多达 41 项，其中夏税 24 项，秋粮 17 种。到万历年间，夏税秋粮的税目更增加到 50 余种。

明朝各地的两税即田赋税率差别很大，当时田赋科则的一般情况是：官田亩税五升三合五勺，民田减二升，重租田八升五合五勺，没官田一斗二升。这种税率明显低于元末的税率，民田的税率甚至低于曹魏开始的亩收四升的标准。但是实际上，许多地区的官民田科则均超出上述的标准。明朝田地税率之重，首推江南的苏州、松江、嘉兴、湖州、常州五府，每亩赋税高达二三石。明朝苏、松诸府的田赋特重，有政治和历史两方面原因。政治上的原因是，明太祖朱元璋痛恨此数府军民在元末曾支持张士诚与他对抗。历史上的原因是，苏、松官田之多，由来已久，宋元以来历代封建政权不断把江南民田变成官田，大幅度增加江南的田赋数额，其背景是江南经济地位的日益重要。明朝建立后，历经战乱的北方地区残破不堪，国家财政更加依赖于江南及南方地区，苏、松、嘉、湖、常诸府成了明朝收取赋税的重心，所谓朱元璋“怒其为张士诚守”，只不过是借口而已。

所以，就明朝田赋科则的一般情况而言，南方各地的田赋税率较高，而北方各地相对轻微，特别是西北各地，田赋税率很低，陕西、甘肃一带，往往以数亩田地合计一亩，亩科数升而已。

明初徭役种类及其特点

(1) 里甲正役

明初徭役征派采用“均工夫”办法，田一顷出丁夫一人，不及顷者，以他田补足。洪武十四年（1381 年），明朝推行黄册里甲制度，制定了征派徭役的依据和准则，将徭役分为“里甲”和“杂泛”两大类。正统年间创行的“均徭”是从杂泛中的部分差役演变而来的。

里甲役，又称里甲正役，是以里甲为单位而承担的徭役。洪武年间编造黄册，以 110 户为一里，一里之中，推丁粮多者 10 人为里长，其他 100 户分为 10 甲，每甲 10 人，有甲首 1 人。每年征派里甲役时，役里长 1 人，由其带领一甲 10 户去应役。10 个里长与 10 甲轮流赴役，10 年轮流一遍。里甲正役的应役内容主要是催办税粮、勾摄公事，具体而言，包括管理本里人丁事产；协助政府清勾军匠、根究逃亡、拘捕罪犯，维护地方治安；到各级衙门听候调遣。

“催征钱粮”虽然是里甲正役的主要职责，但是在明初，全国大部分地区实行粮长制度，里长、甲首只是作为粮长的助手而执行征收钱粮的任务。到了明中叶，许多地方废粮长，或由里长兼摄粮长之职，催征钱粮的责任就完全由里甲正役承担。

里甲正役的另一项重要任务，是出办“上供物料”，每岁由一名里长和一甲之 10 户承担。出办上供物料实质上不是徭役，而是一种进贡，故又称“岁贡”。包括向皇宫、兵部、工部等提供生活上、军事上、生产上的各种用品、原料和地方特产。

（2）杂泛和均徭

杂泛分经常性、非经常性杂泛，粮长、解户、马船头、馆夫、祗候、弓兵、皂隶、门禁、厨斗等为经常性杂泛，又称“常设”；斫薪、抬柴、修河、修仓、运料、接递、站铺、闸浅夫等为因事征派，岁有增减，属非经常性的杂泛。

杂泛一般按户签派。府、州、县官府把签派杂泛的命令下达给各值年里长，值年里长斟酌各役的轻重，并根据各户的丁粮多寡、户等高下来签派杂泛徭役，丁粮多者任重役，丁粮少者任轻役。但这只是明初的一般规定，在实际执行中，各地官府往往各自为政，标准并不完全一致。

杂泛的最大危害在于“上命非时”，没有一定的数量限制，使应役的民户不堪重负。洪武年间曾试图把这些杂泛限定化，但没有收到多少实效。针对明前期杂泛的混乱，一些地方官员试图加以整顿，使杂泛的役目固定化，这就出现了“均徭法”。

均徭法最先出现在正统年间的江西省，至弘治时已基本成为全国的制度了。均徭法的最大特点是，把“杂泛”中的经常性差役与其他临时性杂役区别开来，统称“均徭”，并把这类徭役分成上差、中差、下差。均徭的签派单位按甲而不是按户，从而使均徭与里甲正役一样，由各甲轮流当役。均徭最初实行时还是力役，稍后可折银代役，由官府雇人充役，称作“银差”。

自正统年间出现均徭法后，明朝的徭役才变成三大类：里甲正役、均徭和杂泛。后因若干重役，如马夫、驿站、民兵、机兵等，签派困难，又从这三类徭役中分离出来，自成系统，因此在一些文献中，又把明朝的徭役说成四种或五种。这种情况如同均徭从杂泛中分离出来一样，有一个演变过程，不可混为一谈。

（3）粮长制度

粮长制度推行以前，田赋由州县官吏直接征收，纳粮人家必须亲赴州县所在交纳。贫贱者惮于与官吏打交道，委托他人去州县代纳，于是产生了揽纳户。鉴于粮户在纳粮过程中常受贪官污吏以及不良揽纳户的侵渔、勒索，洪武四年（1371 年）创行粮长制，以税粮万石为率，其中田土多者为粮长；由粮长负责所属粮区的田赋的催征、经收和解运。

明朝的税粮分为“存留”和“起运”两部分。“存留”就是留在本地开销，“起运”必须运交京城或外地。在当时运输条件下，税粮起运不是一件容易的事，每个粮长所需运粮夫达千人之多，所需费用可观。为了更好地发挥粮长的作用，明初对粮长的待遇是很优厚的。如期如数解运税粮到京师的粮长，往往受到皇帝的召见，许多粮长还被破格录用为官。

明初设粮长，本欲以此拉拢和扶植民间“良民”，禁绝贪污和拖欠赋税粮现象，但未能完全如愿。粮长在催征过程中往往巧立名目，多行不法之事，勒逼粮户多纳。只是由于明太祖严惩不法粮长，大部分粮长还比较负责。到了永乐年间，明成祖迁都北京，每年从东南运往北京的漕粮达数百万石，解运任务更加艰巨。同时，明朝官吏的任用也逐渐转向以科举为主，粮长便很少有做官的机会。于是粮长舞弊的现象日益增多。有些粮长不善于舞弊，往往因亏空而破产。随着正统以后封建官府的诛求日甚，粮长逐渐变成一种可怕的徭役，一般人再也不愿意充当粮长。粮长一职逐渐由大户而中户，以至编派下户穷民来担任。

3 明朝的商税与匠役

（1）商税与采办

明朝商税的征收，比宋元时期有所减轻，征收手续也比较简约。明朝建立后，各府以上的商税征收衙门通称“税课司”，州县称“税课局”。在贸易丛聚的市镇，行商必经的关津、渡口、桥头，还设分司、分局、官店，或派兵驻扎征税。同时，在各水域关津去处，设立竹木抽分场局，对过境贩卖的竹木，实行抽税。洪武初，全国有税课司局400余所。在一些商业较繁荣的城市，往往设有好几个税课司。大体而言，明朝的税课司局主要设在南北两京、运河两岸及东南各地等商业繁荣地带，西北各地的税课衙门相对较少。

明朝商品交易税率，大体三十分取一，由商人在售货地向税课衙门或官店缴纳。各税课司局所收商税，于年终分豁存留、起解项目，逐级上解，然后由布政司于次年三月前汇总，解交京师承运等库。

明初的“竹木抽分局”，是为了满足官府造船、建筑所需而专门对过境贩卖竹木征收实物税的一种机构。洪武、永乐年间，全国的竹木抽分局大约有七处，永乐以后又陆续增加。各地竹木抽分局的抽分标准不一，即使同一抽分局，对不同品种竹木的抽分率也不同。明初竹木商税征收实物，是为了满足官府对使用价值的需要，但征收大批竹木，经常用不了，又难以保管，于是各地抽分局把多余的竹木变卖为银两。嘉靖以后，竹木抽分局逐渐将征收实物转为征收银钱等货币税。

明朝还于宣德四年（1429 年）在南北两京间的沿河重镇设“钞关”十余处，向过往商人征收“船料”（向行商征收的船税）。正统以后，原有钞关或废、或移，也有新设钞关，到万历年间共有河西务、临清等七处钞关。宣德四年初设钞关时，每船 100 料（1 料相当于 1 石），收钞 100 贯。后因商船估料困难，改为按梁头广狭征收，每 5 尺纳钞 20 贯 550 文，并以 3 丈 6 尺为限。明中叶以后，船料的征收也逐渐为白银所代替。

明朝的钞关、竹木抽分局主要是针对行商的商税征收机构，而对于坐贾铺户，除了征收正常的交易税和门摊课钞外，还有替官府买办物料和服力役的义务，称为“铺行之役”。明初，铺行买办原非定例，官府所需之物靠任土为贡，不足之时，官府才出钱购买。正统以后，各衙门采买日益增多，铺户买办的负担逐渐加重，加上官府给价不足、不及时以及皇室、各级官府的无理索取，被签服铺行之役者如同赴死。所谓的铺行之役最终成了官府勒索城市居民的一种重要手段。

(2) 工匠制度

明初继承了元朝的工匠制度，把工匠编为匠户，令其轮番服役。但是在明朝的工匠制度下，手工业者不同于元朝工匠制度下的工奴，其社会地位有所提高。洪武初年，对于工匠的征集服役尚无很具体的规定。洪武十一年（1378年），规定工匠休工期可以自由经营。洪武十九年（1386年），将全国各地划入匠籍的工匠分为若干班，轮流到京服役，每次服役三个月，每个工匠每隔两年赴京服役一次。但实行轮班制后，众多工匠齐聚京师，常有无工可役者。于是洪武二十六年（1393年）又打破三年一班的硬性规定，根据工作所需，对不同工种规定了不同的轮班法，共有五年一班、四年一班、三年一班、二年一班、一年一班5种。

除轮班工匠外，还有“住坐工匠”。住坐工匠是附籍于京师或京师附近大兴、宛平等地的工匠。一般说是就地服役，故称为“住坐工匠”。住坐匠服役时间比轮班匠长，每年须服役120天。但轮班匠的劳动是无偿的，往返路费也要自筹，而住坐工匠则有月粮、直米的待遇。

随着明朝商品货币经济的发展，工匠制度下的强制劳役制，从成化年间开始向纳银代役转化，不愿赴役者，可纳银代役。到嘉靖年间，工部更规定轮班匠一概纳银代役。这样，明朝轮班匠的力役全部变成银差，但住坐工匠仍维持着每月10天的执役制度，直至清顺治年间废除匠籍制度为止。

十二 从一条鞭法到摊丁入亩

1 明中叶的赋役改革

（1）土地、人口、赋役的严重失控

明中叶土地兼并日益严重，朝廷控制的税田越来越少，由洪武二十六年（1393 年）的 850.7 万余顷下降到弘治十五年（1502 年）的 422.8 万余顷。特别严重的是，由于吏治的腐败，乡绅、豪强地主往往利用权势，勾结官府，采用“飞洒”、“诡寄”等手段逃避赋役，将其负担转嫁给贫苦农户。贫苦农户不堪重负，纷纷逃亡，导致中央控制的户口数大幅下降。弘治四年（1491 年）户数比洪武初年减少 154 万，口数减少 716 万。

明初赋役的征发，以黄册和鱼鳞图册为依据，但由于土地兼并和人口逃亡的加剧，官吏的贪污舞弊和地主豪绅的欺隐规避，以致黄册和鱼鳞图册混乱失真，难以作为征发赋役的依据。本来黄册要 10 年一更造，但明中叶时，每逢更造新册，官吏或抄袭旧册，或受贿而任意改定户等，所以册籍上的内容谬误百出。时人曾痛斥黄册是一种伪册。

明中叶朝廷对税田、户口的失控以及赋役黄册制度的破坏，大大影响了正常的财政收入。“赋税日减”、“赋入之日损”的现象比较严重，表明明初以来的赋役制度已陷入重重危机。

（2）平米、纲银、十段册和金花银

明中叶赋役制度的破坏，直接影响到国家的财政收入，也激化了社会矛盾，于是从正统至嘉靖末，各地官府纷纷进行赋役制度的改革。东南地区作为赋役征收的重心区，明中叶的一系列赋役改革，大都在这一带首先推行。

周忱巡抚江南，在保证财政整体收入的前提下，施行了“平米法”。此法主要有两个内容：一为加耗，即正粮每石加征耗米，作为南粮北运的运费。耗米随正米依一定比例一律征课，使大户和小户均平承担。二是折征，科则重的田土缴纳实际负担较轻的折色，如金花银、官布之类；科则较轻的田土缴纳实际负担很重的白粮、糙米之类。从天顺到嘉靖初年，江南各地对解决田赋不均问题，采用了按粮加耗、按亩加耗以及加耗轻重等不同办法；但其总的方案，还是维持着周忱所创立的“折征均耗”的老办法，基本没触动官民田的原有税则。

嘉靖十六年（1537 年），应天巡抚欧阳铎推行了“征一法”，开始了调整官、民田科则的改革。“征一法”是在不减损赋役总额的基础上，把全县各项应征税项统一核算，然后按田亩均摊，统一征收。在具体均摊中，把田土分为若干等，均摊的标准也按土地的肥瘠而有所参差。至万历初年，江南各府基本上实现了官民田科则的均平，“官民一则”成为普遍现象。

明中叶以田赋为核心的改革，主要施行于赋税负担最重的江浙地区；其他官民田赋不均不太突出的地区所进行的改革，其核心则侧重在徭役方面，其中较有影响的有均平银、纲银、十段锦册等。

“均平银”是针对里甲正役的改革，主要施行于广东等省。均平银仍沿袭明初里甲排年轮役的老办法，每年核定徭役出办供应诸项的开支总额，向现年轮值的里甲编派征钱。编派的标准是人丁和田粮，每一丁、每一石粮各征钱若干，也有些地方按田亩和人丁征银。里甲把均平银上缴官府后，除里长依然轮役负责“追征、勾摄”二事外，其余的甲首人户均可归农，不必到官府应役待唤。均平银的施行，使明初的里甲正役，从此转变为折钱或折银代役，也为粮、役合并创造了条件。

成化、弘治年间，福建地区也进行了徭役改革，时称“纲银”，又称“纲派”。纲银基本上与均平银相似，官府总征一年中里甲各类费用，按丁田编派于现年里甲，官府雇役，甲首归农。此法如同网有纲，一举而尽，故称“纲银”。纲银法并没有通行于福建全省，同时各地纲银随丁、田粮征收的标准也不一样。正德十五年（1520 年），御史沈灼对纲银法做了整顿，分纲银为正、杂二纲，以丁四粮六法则科派，民米一石准丁一丁。同时推行“八分法”，把原里甲正役中的上供物料分离出来，单独征派，米一石、丁一丁各征银八分。经过沈灼的改革，福建的里甲正役已大部分变为折银或钱征收，并且有一半以上摊入田亩。

成化年间，福建邵武出现了“十段册法”，又称“十段锦法”，创行者为邵武知府盛颙。此法是以一县丁田数分为十甲，以一年丁粮应一年之徭役，十年轮一遍。此法最初在邵武时行时废，嘉靖十二年（1533年）知邵武县曹察做了改进，设“均平徭役册”。嘉靖十六年又在福建全省推行。嘉靖末、隆庆初，“十段册法”已经普遍实行于江、浙、福建各地。“十段册法”的优点是不再按原有里甲轮役，而是通计一县丁粮，重新均分摊派轮役，克服了里甲之间因丁、粮悬殊而造成赋役不均的弊病。

“金花银”指税粮折成的银两，周忱在推行“平米法”的同时，曾做了折征金花银的尝试。不久，折征金花银推广于江苏、浙江、江西、湖广、福建、广东、广西诸省。成化年间，北方各省输送边防军的税粮也开始折征银两。

明朝中叶的赋役改革，虽然各地不尽相同，但呈现出一个总的趋向，即朝着归并役目、赋役合一和赋役折银的新制度转变。这为万历年间一条鞭法在全国范围的推行，创造了必不可少的前提条件。

2 张居正推行一条鞭法

（1）万历时期的社会经济和赋役财政状况

明中叶赋税改革的社会效果是十分短暂的，农民的赋役负担难以缓解，国家税源枯竭。同时随着封建统治的日益腐朽，皇室和官僚的侈靡浪费也日益严重。嘉靖、隆庆年间，财政支出越来越庞大。“南倭北虏”交相侵犯，军费开支大幅增加；皇室生活奢侈，费用日增；宗室生育人口日繁，官吏数字日增，禄粮支出剧增，消耗了大量税粮、税银，使得嘉靖中期以后国家财政出现年年亏空的严重局面。嘉靖二十八年（1549 年）至四十三年（1564 年）中的 10 年之内，累计亏空近 2200 万两。为了弥补亏空，明廷想尽办法，仍无济于事，到了非全面改革不能维持统治的境地。

（2）张居正改革和清丈田地

万历改元，张居正当上内阁首辅，在他的推动下，明中叶以来的赋役制度改革，进入了一个新阶段。张居正的赋役财政改革，首先从节流和开源两方面进行。在节流方面，尽量压缩开支。对于皇室的奢侈浪费，据理力争，或减或废；对于朝廷的开支和边防军费的开支，也采取措施加以节省。然而压缩开支只是一种补救措施，不能从根本上解决国家的财政危机。因此，张居正把经济改革的重点，放在清理田赋和改革赋役制度方面。

早在嘉靖、隆庆年间，有些地方官员为了清理税粮，已经在不同程度上进行局部性的清丈田地工作，但涉及的范围很有限，各地清丈的标准也不统一。万历六年（1578 年），张居正奏请明神宗正式下令开展田地清丈工作，并首先以福建作为试点。福建作为试点，清丈田地基本上是以清浮粮、保原额为原则的，而不是力求耕地的精确亩数。因此，有些府县如果保住原额无浮粮，并不一定要真的实行丈量。万历八年

(1580 年)，福建丈量之法被推行于全国。此次全国性清丈田地的原则，仍然是旨在求得原额，原额不失则不丈，原额失者才清丈。在清丈土地的基础上，张居正命令各地重新编制或修订鱼鳞图册，确定了清丈的成果，使赋役征收又有了比较可靠的依据。

经过三年努力，全国清丈田地工作基本完成。这次清丈查出了不少隐匿田地，朝廷控制的税田有明显增加，比清丈前增加了 25% 以上，国家的田赋收入也相应增加。经过清丈，田有定数，赋有定额，部分改变了税粮负担不均的状况。

(3) 一条鞭法和赋役折银

万历九年 (1581 年)，张居正在清丈田地的基础上，将嘉靖以来实施区域不断扩大的“一条鞭法”在全国推广，使“一条鞭法”成为全国正式通行的赋役制度。“一条鞭法”规定：把原来众多的赋役项目化繁为简，或赋和役各自合为一条，或赋役合为一条；徭役一律征银，取消力役，由政府雇人应役，役银的编派按人丁和田地（税粮）；除苏、松、杭、嘉、湖地区供应京师宫廷的漕粮外，其余地区的田赋，一概征收白银；赋役数额的计算，以州县为单位，各州县原有的赋役总额不得减少，徭役编审每年一次，州县官根据当年的通盘情况，以丁田分摊于各个纳税户；赋役银由地方官直接征收。

“一条鞭法”是中国赋役制度史上继两税法之后又一次重大改革，它简化了赋役的征收项目和手续，使赋役合并，以田为纲，以银代役，出现了“摊丁入亩”

的趋势。一条鞭法顺应了明中叶以来商品货币经济发展的趋势，它的施行，则又扩大了白银使用的范围，促进了商品货币经济的发展。一条鞭法的实行，一定程度上减轻了无地、少地农民的负担，也遏制了官吏舞弊现象。

一条鞭法虽有一定的进步性，但也存在许多难以克服的缺点：一条鞭法实行后的赋役额以原有数额为准，实际上是把明中叶以来的各种加派固定下来，并使之合法化，因而具有加赋的性质；“条鞭银”的制定原则是，先预计本州县一年内的总支出，再摊派于本地的丁田实额上，所以州县制定的条鞭银，实际上是按照量出制入的原则，这就使赋役征收没有总额的限制，不能不为日后的加派开启了方便之门；南北各地自然条件差异甚大，社会经济发展不平衡，一条鞭法作为全国统一的赋役制度推行，难免出现不能适应不同地区的情形。

（4）明代后期一条鞭法的破坏和三饷加派

万历十年（1582 年）张居正去世后，一条鞭法虽然仍在继续实施，但随着官僚政治的日益腐败，一条鞭法也很快走了样：条鞭外加役、赋外加赋现象日趋严重；地主豪绅隐田匿税行为逐渐抬头；宫廷、宗室奢侈、靡费，边疆危机再度出现，成为国家财政的沉重负担，等等。这些因素使国家财政又陷入严重困境。对此，明廷只能加重赋税剥削以应付。于是，田赋加派、杂税加派、地方私派、官吏暗派，层出不穷，其中辽饷、助饷、练饷的加派最为突出。

万历四十六年（1618 年），辽东战事日益激烈，军饷无措，开始加派田赋辽饷，共得饷250万两；万历四十七、四十八年又两次加派，辽饷达到了520万两，遂为定额。崇祯八年（1635年），加征“助饷”，先是加宦户田赋十之一，民粮10两以上也加十之一，后来一律每亩征一钱。崇祯十二年（1639），加派“练饷”，每亩加征一分，共增练饷730万两。

（5）盐课、商税的演变与苛征

明朝对食盐实行专卖。明初有“开中”制度，召商人把官府需要的实物输送到边防卫所或其他指定地点，换取盐引，再凭引到指定盐场支盐，并在指定行盐区销售。所以开中制度是商人以力役和实物向官府换取盐的专卖权的制度，与宋朝“入中”制度并无二致。由于贩盐的高额利润，众多富豪势家采取各种手段，窝占盐引，霸取专卖权；而一般商人的正常开中，却受到阻滞，不能按期得到盐引销售，商人输粟边疆的积极性迅速下降。开中制度逐渐破坏。于是，成化、弘治年间，盐课逐渐向“开中折色”转变。开中折色就是以纳银解部代替纳粟开中。

为了增加盐课收入，明朝还实行了余盐开禁的措施。余盐是灶户交纳正课后所余之盐，最初要向盐司交纳，不得自由贩卖。至弘治时，允许商人和灶户直接购销部分余盐。余盐开禁后，税利甚高，每遇财政困难，辄发卖余盐以救急，余盐逐渐泛滥。

明前期商税三十取一，素称轻微。嘉靖、万历年间，随着商品经济的发展和朝廷财政搜括的加剧，商税之征不断增加，各级官府采用种种借口加派税额。

特别是万历二十六年（1598 年）以后，明神宗派宦官为榷税之使，分赴各地要津闹市，大肆搜括。税使四出，但搜括上来的银钱并没有上交国库，而是大部分被侵吞。万历后期不仅税使四出搜括，矿使的活动也十分猖獗，他们以采矿为名，横索民财，所得钱财同样大部分中饱私囊。天启改元，矿使、税监虽罢，但辽东战事及各地农民起义给明朝廷造成了空前的财政压力，各种赋税加派有增无减，关税加派也不例外。

3 摊丁入亩与耗羡归公

（1）清初的赋役整顿

清朝建立之初，即着手筹划赋役制度的整顿和改革，至顺治十四年（1657 年）始完成《赋役全书》的编制。又另立鱼鳞图册和黄册，与《赋役全书》相表里。赋税开征之前一个月发给税户“易知由单”，开列应交各项钱粮及总数。交税过程中发给税户“截票”，上列地丁钱粮的实数，完成交纳后，在截票中间盖印，“就印字中分”两联，官民各执其半。此外，还设有赤历册、奏销册、循环簿、粮册、序册等，以作为赋役征收和管理的辅助册籍。

清初的赋役制度，大多仿袭明朝旧制，主要表现在：第一，确立以明万历年间则例为基础的定赋原则。明后期的横征暴敛是明亡的重要因素之一，清朝重建赋役制度自然不能完全照搬明末的办法，依万历年间则例征收钱粮，是最合时宜的定赋原则。《赋役全书》

规定以明万历年间的赋役则例为准，实际上是按万历末年的赋役额为准的，万历中后期的许多加派，从此并入赋税正额之中。第二，继续推行一条鞭法，简明赋役条款和程序，把赋役各款正式总称地、丁两大类，使赋役一体化进程又进了一步。

（2）滋生人丁永不加赋

一条鞭法中的丁役银是单独存在的，是纳税户的一项重要负担。清初整顿赋役，向各级官员规定了增审人丁的考成办法，以尽可能增加在册人丁的数量，增加赋役收入。但是许多官吏一味追求增审人丁，不惜弄虚作假；地主士绅与官吏勾结作弊，放富差贫，坑害农民。这导致大量农民逃亡，各级官府无法有效掌握人口增减和控制人口盲目流徙。康熙年间的人丁编审，越到后期，审增的人丁越少。

为了消除因人丁变动而造成赋役征收无着，保证税收来源，康熙五十一年（1712 年）开始实行“盛世滋生人丁永不加赋”的办法，以康熙五十年全国的人丁户口数字为准，以后额外增丁，不再多征丁银。为了防止人丁缺额，康熙五十五年又补充规定以新增人丁补足旧额缺数。丁额固定化虽然难以杜绝地主转嫁丁银的现象，但毕竟可以使负担相对固定，而丁银总额的固定化，也为进一步推行丁税并入田亩的改革创造了条件。

（3）摊丁入亩

一条鞭法实行后，人们对于赋役的合并，颇多争论。入清以后，由于户丁编审的矛盾日益突出，这种争论更趋激烈。有人顺应明中叶以来赋、役合并的趋势，主张实行“摊丁入亩”；有人则认为田赋与丁役不可混一，反对“摊丁入亩”。雍正皇帝继位后，加紧了对吏治和钱粮的整顿，雍正二年（1724 年）正式批准直隶推行摊丁入亩。此后，各省纷纷仿效，至雍正十三年（1735 年），直隶、福建、山东等 14 省基本上实行了摊丁入亩的改革，山西和贵州两省稍晚，也在乾隆年间进行了改革，只有盛京、吉林等省的个别地区，因“户籍无定”，到清末才实行。摊丁入亩不能顺利施行的原因，除了因部分官僚、地主舞弊和反对之外，其中最主要的原因是某些地区的丁银负担过重，全部摊入地亩，百姓一时难以承受。

各地摊丁入亩的方式也不尽相同，直隶、陕西、山东、云南、江西、湖北等省采用全省统筹均摊，而其他省份，则大多采用各州县分别均摊的办法。各地摊丁银时还有摊入地亩、摊入地粮和以粮载丁、以田载丁等形式的差别。

“摊丁入亩”在中国古代赋役制度史上是一项重要的改革，具有进步意义。首先，这项改革顺应了社会经济发展的必然趋势。其次，摊丁入亩按土地的单一标准收税，基本上取消了缙绅地主优免丁银的特权。再次，摊丁入亩取消了按丁和地分别征收赋税的双重标准，进一步简化了税收的程序。

（4）地方财政困窘和耗羡归公

清初朝廷为筹集军费，大量裁扣地方财政存留，运归中央拨用；同时为节省开支，还实行低俸禄制度。清初地方财政的困窘和官员俸禄的低微，导致地方私派名目繁多，其中最普遍的是所谓的“火耗羡余”。征收田赋所得碎银铸成银锭的损耗，名曰“火耗”，需要粮户负担；若是粮食，要搬运仓储，有“雀耗”、“鼠耗”、“脚耗”，也要粮户负担，曰“羡余”。合称“耗羡”。自清初以来，“耗羡”的数额越来越大，不仅影响到国家赋税正额的征收，而且激化了阶级矛盾。

在地方官府苛取耗羡越来越严重的情况下，有些官员提出了耗羡归公的主张。其中最早者为康熙六十一年（1722年）任川陕总督的年羹尧，但康熙皇帝怕担加赋骂名，没有允准。雍正二年，雍正皇帝在权衡利弊之后，最终决定在全国范围内实行耗羡归公和养廉银制度。地方征收的火耗银两，除留一部分给地方作公费使用外，其余上缴国库。这笔款项的一部分用以抵补亏空；另一部分作为额定津贴，按官职大小发放，叫做“养廉银”。

耗羡归公和养廉银制度实施后的一段时间内，取得了一定的社会效果，吏治有所改善，国家的财政状况有所好转。但耗羡归公和养廉银制度实质上是把明末清初以来各种非法的田赋附加税和搜括地方存留银所造成的私征暗派，用法律的形式正式固定下来，尽管是“取之有节”的措施，但从根本上说，仍然是一种由非法变成合法的加赋。

（5）嘉庆、道光间财政亏空的加剧

通过雍正年间的一系列赋役整顿，清朝财政状况达到了鼎盛时期，并且一直维持到乾隆中期。乾隆中期以后，朝廷的财政支出再次膨胀，皇室的供应、王公百官俸禄等行政费以及河工费等支出急剧增加；特别是乾隆年间发生多次战争，军费开支再次成为国家财政的重要支出，大量消费了户部府库的存银。乾隆后期以来，官吏贪污行为再次猖獗，国库被官吏侵蚀亏空的现象日益严重，同时赋役征收也陷入严重的混乱之中。许多权贵官僚、地主富商依恃封建特权和经济手段，大量集中土地，却又想方设法隐匿田亩，逃避赋税，赋税负担大部分落在自耕农和贫农身上。

地主权贵转嫁赋税，导致里甲涣散，户口田地不清，赋税难以落实，征收失去依据。雍正二年（1724年），朝廷在册民田总数为683万余顷，乾隆三十一年（1766年）增至741万余顷，而乾隆四十九年（1784年）为717万余顷，嘉庆十七年（1812年）为705万余顷。乾嘉时期是中国人口增长速度最快的时期，促进了这一时期的荒田开垦和山区、边疆的开发，而实际耕地面积不升反降，国家对于财政的失控由此可见。

雍正年间实行摊丁入亩和耗羡归公，号称杜绝了丁役和额外加派；但乾隆中后期，各种新的加派又出现了，官吏征收钱粮，则有许多陋规。嘉庆、道光间，官吏浮收钱粮的一个重要手段，是利用银钱的不合理比价，加重剥削。当时因白银外流，银贵钱贱，许多地方的地丁银折成铜钱交纳。除了各种钱粮浮收之外，徭役也已逐渐恢复，有些地方甚至十分苛繁。沉重的赋役，使农民陷于绝路，而官吏的贪污舞弊，又严重地侵耗了国家的财政收入。这样，清朝到了内外交困的境地。

十三　清朝后期赋税结构的变化

1　盐税、商税的增加与地丁正额地位的下降

（1）鸦片战争后的国家财政危机

第一次鸦片战争后，乾隆后期以来日益恶化的清朝赋税财政更加陷入困境：对外抗战总以失败告终，被迫向外国侵略者支付巨额赔款；农民起义风起云涌，政府全力进行镇压，军费支出激增；洋务经费的支出日益增长。此外，为应付自然灾害而支付的河工费、赈务费等亦逐年增加，再加上各级官吏的贪污舞弊、皇室贵族的奢侈浪费，致使大小府库纷纷告竭。咸丰三年（1853 年）到咸丰七年（1857 年）间，户部银库每年结存实银平均约 11 万余两，咸丰八年（1858 年）至同治三年（1864 年）间，平均每年库存实银已降至 6 万多两。至此，康雍乾盛世的丰厚库贮，已经消耗殆尽。

为缓和日益加剧的财政危机，各种赋敛搜括措施纷纷出笼，其中在短期内取得成效的有推广捐例、举借内债和滥发通货等措施。所谓“捐例”，就是出卖官爵封典，地主商民只要按捐例交纳银数，即可指捐某项官职。举借内债创议于咸丰三年，最初只在山西、陕西、广东等省议行，向殷富之家劝借，官府出给印票，分年照期归还。“劝借”后来又在江苏、江西、山东、甘肃等省推广。随着财政困难加剧，最初规定按期照数偿还的承诺并未兑现。自咸丰三年起，又多次滥铸劣质铜铁大钱，滥发银票、宝钞等不兑现纸币，由国家强制推行；但在日常收付中却尽量多放少收银票、宝钞和大钱，甚至只放不收。这些措施虽然在一定时期内对解决财政困难有所裨益，但无助于赋税财政制度的革新。乾隆中后期以来，随着官府对于田地控制能力的不断下降，不得不把赋税的征取对象，逐渐向盐课、关税及其他杂税方面扩展，于是，到清后期，关税、盐课等项税入在国家财政结构中占据了突出地位。

（2）关税、厘金制度的确立

清初的征商之法，大体沿袭明制，分为坐税和过税两种。坐税是货物到店发卖时课征的落地税，一般不入国课正额，多留作地方支用，故全国无统一税率，任由自行确定。过税是货物经过关口时所课之税，故又称“关税”，也称“常关税”。常关分“户关”和“工关”两种：属户部的为户关，属工部的为工关。清前期的常关税率为5%，工关的竹木之征为10%。

清前期关税、商税在国家财政中所占比例很小，官府的管理不甚严格，各关往往自行其是。大致而言，关税、商税的征收经历了康熙时混乱、雍正时严厉、乾隆时适中的过程。常关税的征收对象是国内的过往商人。统一台湾后，准许中外商人来往贸易，设置海关。海关征税分货税和船钞两种。货税根据货物数量征收，属从量税。当时官府规定的进出口货税率很低，比当时欧洲各国通行的税率，低数倍甚至数十倍。船钞即船税、吨税，亦称“梁头税”，按货船体积分等征收，税率同样很低，约为货值的2%左右。

五口通商后，除继续征收海关正税外，又征“子口税”，这是对外国商品进入内地或外国商人从内地收购土货出口所征收的过境税。与海关子口税相类似的还有“复进口税”，又称“沿岸贸易税”，或“复进口半税”。这是对外国商人贩运中国土货，完纳出口正税后，由一个通商口岸运到其他口岸时征收的复进口税，其税率为进口税之半。近代海关的征税率，唯有“洋药”一项例外。洋药税是对鸦片进口所课的税金，每100斤征税银30两。自五口通商以来，中国海关税银收入主要依靠这些税项，税银数额比鸦片战争前有大幅度的增长，至宣统元年（1909年），海关年税银已达3617万两，成为与地丁钱粮正额同样重要的国家财政收入。

太平天国运动爆发后，清廷为应付军饷开支，想方设法增加工商业税收。咸丰三年（1853年），作为一项地方性的筹饷措施，厘金抽捐开始在扬州仙女庙等镇出现，各镇米行每米一石，捐钱50文。由于捐厘助饷办法收到明显成效，很快被推广于其他地区。数年之间，“捐厘”发展成为一个全国性的筹饷措施。

厘金的课税形式分为“活厘”和“板厘”，又名“行厘”和“坐厘”。前者为通过税，征之于流通中的货物，抽之于行商；后者为交易税，在产地或销售地征收，抽之于坐贾。厘捐的名目十分繁杂，可以说达到了无物不捐的地步。各地厘卡林立，再加上各地并不遵守规定的厘金税率，任意加抬税率，严重阻碍了商业的发展。厘金制度虽然流弊日深，但它确实成为清后期的一项重要财政收入，因而得以长期实施。

（3）盐税、杂税的演变

清前期的盐税，基本上沿袭明制，分为“场课”和“引课”两大部分。场课又称“灶课”，是对灶户征收的税，包括灶户的人丁税和晒盐的盐滩税。引课是盐课中的主要部分，是对盐商征收的销售税。自顺治后期开始，行销的盐引日益增加，每引盐的税额也不断增加。本来，各盐行销区盐引的分配应以该地区人口多少为依据，但清廷为了增加财政收入，往往强行向运商增售盐引。雍正、乾隆以后，引额的加增一般采取“余引”或“额外余引”的形式，而不是加增正引。正引和余引都是清朝盐课的正项收入。

盐税的杂项征收也十分惊人，因为盐的行销是垄断性的专卖，故利润较高，清廷及各级官吏一直把盐税所入当做肥缺，所以不免滥加私派。如长芦盐区的杂项有 20 项，两淮盐区的杂项则有 50 余项。雍正年间实行养廉银制度，许多盐区不仅要承担盐务官员的一切办公费用和养廉银两，还要分担销盐区有关地方官员的养廉银和办公费用。

清中后期，盐税的征收比清前期有着成倍的增长。鸦片战争前后，随着财政危机的加深，清朝对盐税的搜括也变本加厉，其中最突出的两项措施是盐斤加价和征收盐厘。盐斤加价就是盐引加价，清前期已有，到了嘉庆、道光年间，加价更加频繁，官府每每借口河工、军饷之需，先为“暂增”，后成定例。盐斤的税价在历次暂增中不断提高。光绪年间，盐斤加价更为苛重。光绪以前的加价，每斤每次不过加增一二文，至光绪朝，少者加价二文，多则四文。

“盐厘”是清后期加增盐税的另一个重要途径。咸丰年间，随着关税厘金的征收，盐厘的征收也由此开始。盐厘虽属厘金的一种，但它与一般厘金有所区别，大致可分为引厘、过卡厘、私盐厘、包厘、正课厘等类型。“引厘”是在食盐运销之前按斤征收的厘金，是场课的附加税。“过卡厘”是在食盐运销过程中抽取的厘金。“包厘”是盐商一次性交纳一定数量的厘金，从而免纳其他关卡厘。“私盐厘”是对无引私盐抽取的厘金。“正课厘”是对奉天、四川等部分地区行销盐所征收的课厘合一税。

在清后期，不但盐税大幅度增长，其他杂税如茶、矿、烟、酒诸税，也都不同程度地有所增长，并在国家财政税收结构中占有愈来愈重要的地位。

2 农村田赋的失额与混征

（1）农村地丁钱粮的失额

作为清朝地丁赋税重心的东部、南部农村，在鸦片战争后，社会生产因战乱而受到严重破坏。战乱使长江中下游的人口锐减、土地荒芜，最富庶的江、浙、皖三省土地荒芜的情况也相当严重。从全国的情况看，嘉庆十七年（1812 年），在册土地总额尚有791.5 万余顷，至咸丰元年（1851 年），下降到756.3 万余顷。至同治十二年（1873 年）略有回升，达到765.6 万余顷。

为了制止田地失额，清廷曾采取一些鼓励复业垦荒的措施，但苛征加派多于对农业的扶持政策，农业生产衰退已成普遍趋势。到了光绪年间，传统农业再也无力抗拒自然灾害的侵蚀，灾荒遍及全国各地。在天灾人祸交迫下，农村经济陷于崩溃，农民生活更加贫困化，清廷对于田赋正额的征收遇到了很大的困难。

清后期，盐税、商税等迅速增长，而地丁钱粮却只能勉强维持其原额，部分地区甚至有所下降。这样，传统的财政结构被打破了，地丁钱粮在国家财政中的支柱地位动摇了。

（2）田赋的附加和改折

清后期朝廷虽无法提高地丁钱粮的正额，但迫于浩大的财政开支，也不得不实施田赋附征和漕粮勒折浮收，来搜刮民脂。清末较大规模的田赋附征始于咸丰年间。最初，四川等省为了筹集兵饷，在局部地区实行借征钱粮，随粮带征津贴银，称为“津捐”。同时，江苏、安徽等省亦举办“亩捐”，按田亩征银；云南、贵州等省则按亩抽取“厘谷”或“义谷”。亩捐、厘谷、津捐等附征，尚属于比较固定的项目，至于各种临时性的附征以及巧立名目的加派，数额尤繁。

清末对农业土地税加征所采取的另一种方式，是加重本色粮的勒折浮收。清朝田赋分为折色银和本色实物两种。咸丰年间，长江中下游各省为太平军所占领，战事不断，清廷无法照常维持南方漕粮的北运，于是自咸丰三年以后，对安徽、江西、湖北、湖南、河南有漕各省实行漕粮折色，又称“改折”。漕粮改折实行之初，折价尚属公道，但不久便弊端丛生。特别是自咸丰以后，通货膨胀十分严重，粮食、钱文和银两之间的比价变动很大，各级官吏乘机从中勒折浮收，直接对纳税人进行“无形重敛”。

清后期地丁钱粮和漕粮勒折浮收的弊病，在当时可谓无人不知，但各级官吏大多听之任之，视其为解决地方财政困窘的一个好办法。实际上，钱粮的勒折浮收所得，作为地方财政补贴，只是其中的很少部分，大部分则进入地方官吏的私囊。

（3）清赋与减赋

鸦片战争后，田赋不均、剥削日重问题越来越突出。从长远统治利益考虑，清廷不能不对这种涣散的赋役制度进行清理和整顿。早在道光后期，清廷就责令江苏、浙江、河南、山东、福建、四川等省清理地丁钱粮。然而此次清理旨在制止钱粮挪用，并不能有效遏制田赋收入不断下降的趋势。而造成田赋收入不断下降的一个重要原因，是田赋征收制度的严重紊乱。

清廷失去了对田赋册籍的有效控制，但农民负担并没有降低，所以在太平军占领长江中下游的许多富庶地区时，清廷不得不采取笼络人心的办法，在江苏、湖南等长江中下游六省实行部分“减赋”。显然，此时的减赋既是一种赋税清理措施，也是一种政治措施。咸丰、同治年间的减赋，虽带有明显的政治动机，但它毕竟在一定程度上减轻了农民的某些赋税负担。然而应当指出的是，这些地区的田赋负担，长期高于其他地方，在社会经济日益凋弊的情况下，田赋定额形同虚设，部分减额也是一种不得不然的措施。

清末在实行部分减赋的同时以及稍后的一段时间内，又进行了清赋升科的工作。清廷在即将平息太平天国起义时，就开始着手清理田赋，整顿税制，以期弄清土地的产权、面积和应纳税额。这次清赋的办法实际上有三种：一是与减赋工作相结合，在实施减赋的同时，确定地权关系、面积以及应纳税额。二是与招垦荒地相结合，在垦民认垦荒地后，根据垦荒的面积发给土地执照，确定科则。三是重新登记户口、注册地契、清丈田亩。

这一时期的清赋运动大致可分为两个阶段：19世纪60年代中至70年代末为第一阶段，主要是在江苏、浙江、安徽、江西、广西、云南等原起义地区清查田亩，核定粮额，重新编制鱼鳞图册和征粮册籍，恢复原有的田赋征收制度。80年代至90年代为第二阶段，主要是在山西、直隶、广东以及台湾、新疆和东北等边远地区，清查隐地黑地、放垦荒地和淤涨沙地，追缴民欠，整顿钱粮征收制度，并相应增设和健全边远地区的行政建置。

就整体情况而言，清朝后期的减赋、清赋运动，确实取得了一定的效果，一方面缓和了社会矛盾，另一方面保证了朝廷的财政收入。但是这种效果是短暂的，赋税不均和浮收滥派，始终是清廷不能解决的一个社会问题。

（4）太平天国颁布《天朝田亩制度》和照旧交粮纳税

太平天国运动曾在短时间内席卷东南各省，建立了政权。为了解决土地问题，太平军占领南京不久，洪秀全就颁布了《天朝田亩制度》，提出废除封建土地所有制，重新平均分配土地的主张；对农村社会的基层组织以及新土地制度下的分配等问题做了具体规定。《天朝田亩制度》所规定的均平土地和分配制度，贯穿着一种农民绝对平均主义的理想，而太平天国早期的财政政策，也是建立在这种均平理想的基础上，这就是圣库、百工衙、诸匠营等制度。圣库制度早在 1850 年广西金田起义准备时期就已开始实行，并随着占领区域的扩大而推广。在圣库制度下，力图废除私有财产，一切财物归入圣库，一切需求由圣库按定制供应。诸匠营和百工衙是为了满足太平天国内部需要而设立的手工业机构，集中各种工匠，按生产品不同，分别设立各种类似军制的营和衙。

但是在当时的生产力水平和社会条件下，这种绝对平均主义的土地制度和圣库制度，是行不通的。到了咸丰四年（1854 年）夏秋，杨秀清、韦昌辉、石达开等提出了“照旧交粮纳税”的政策，即沿袭清朝征收田赋的制度，这意味着太平天国并没有认真地在行动上消灭地主土地所有制，而是基本上保留了清后期的原土地占有关系。

十四 民国时期的赋税与力役

1 北洋军阀时期的赋役制度

（1）田赋的整理与现实中的滥征

中华民国建立后，北京中央政府先后由袁世凯、段祺瑞等北洋派系的军阀首领控制。北京政府对田赋制度先后有所整理，其中最主要的是归并税目和规定改折两项措施。关于归并税目，北京政府将清后期的徭役、户口、土地等赋役渐次按其性质归并，又将耗羡、平余等名称革除，因而税目大减，归并后有地丁、抵补金、租课、附加四大类。但这种归并只是税目的减少，原有的田赋征收总额基本上没有减少。相反，有些地方还以清赋为名加重征收。关于规定银米折价，1914 年北京政府财政部通令田赋一律改征银元，规定纳银 1 两，折合银元 1 元 5 角。此后，苏、浙、皖、赣、闽、粤、湘、滇、黔、川、鲁、晋、冀诸省改征银元，唯湖北以钱折征，广西银、钱并征，甘、陕、新仍沿旧制。但各地银两、银元折合率参差不齐，中央政府的规定在许多地区形同虚设，农民的田赋负担在改折中加重了。

北洋军阀统治时期，农民负担的沉重还源于：第一，地方军阀无一不把加征田赋当做主要的敛财之道，导致田赋正税不断加重；第二，田赋附加名目繁多，附加税负担超过正税；第三，田赋预征。

（2）盐税

北洋军阀统治时期的盐税，可分为正税和附加税两大类，正税又分为场税（就盐场征税）和岸税（在食盐销岸征税）。北京政府为了"善后借款"，1914 年在全国范围内开展盐税改革。改革后全国盐税收入激增，1912 年尚不足 1000 万元，1915 年、1916 年的盐税则分别达到 8000 多万元、9290 万元。总的来看，盐税正税的增长是税率提高的结果。

各地军阀为扩充实力，增加军政费用，也把盐税作为攫取的目标。随着北京中央政府权力的衰落，各地军阀用武力截留盐税和滥征附加的现象愈演愈烈，盐税的征收出现地方化倾向。1916 年起，受北京政府控制较弱的广东、云南、四川三省开始截留盐税。次年，湖南、福建亦截留盐税。进入 20 年代，政局更加混乱，截留盐税的省份越来越多。更为严重的是地方军阀滥征盐税附加，到北洋军阀统治崩溃前夕，附加税已在全国 21 省泛滥成灾，所用名目五花八门。据不完全统计，仅 1926 年新增的附加税就有二三十种。附加税的税额也越来越高，在许多地区竟大大超过正税。

（3）厘金

按民国初的规定，厘金是国家税。但是，由于军阀割据，地方军阀实际上对厘金具有充分的管理权。在许多情况下，如果一个省的督军或省长地位转弱，就由这个地区内地位牢固的县长来征收该地区的厘金，结果是税额猛增并建立了许多新的税收点。

北洋军阀统治时期，厘金的正税税率大大提高了，其税率原为1%，但通行全国后，多数省份在4%～10%，最高达20%以上。同时，各种名目的厘金附加税也不断增加，加上关卡林立，严重阻碍了商品流通。厘金对农民的生计造成了很大的危害。作为生产者，农民往往要承受收购商的转嫁，生产成本增加，商品生产受到破坏；作为消费者，农民也因厘金而加重了消费负担。

（4）牙税、验契税

牙税和验契税名为“中央专款”，但因是由地方代征的，其实也是地方为所欲为。牙行的经纪人本来是替农民及商人买进卖出棉花、牲畜、粮食等，做居间之介绍，并代评价格，过斗过秤，赚得1%的介绍费。1911年以后，北京政府财政官员认为这是一大财源，乃制定征收牙税章程，招商包办，统其名有7种牙税，举凡农村生活必需之物，无一不缴纳税金。既采取包商制，地方上的土豪劣绅遂利用机会夤缘包收，然后加倍向农民盘剥。

所谓“验契税”，完全是北京政府出于敛财目的而巧立的名目。因为在晚清宣统二年（1910年）已经征收过田地的契税了，而1914年北京政府举办验契时，规定各县不管旧契新契，统统呈送报验。

(5) 地方的苛捐杂税

在军阀割据局面之下，地方滥征的苛捐杂税比晚清有过之无不及，成为农民的沉重负担。地方苛杂的名目五花八门，因地因时而异。如截至1926年，广东汕头市郊有猪只捐、女子出阁捐、牛只绢、鹅母捐、番薯捐、青菜捐、丁口捐等征收，普宁有猪厘捐、粮寮捐、祠堂捐、戏厘捐、嫁女捐、粮沫捐、牛头捐等征收。这些捐税，或由县公署，或由警区署，或由民团局，或由驻防军队征收，美其名为“维持地方行政”或“保护人民治安”，其实则徒饷私囊，给人民以重大痛苦。

鸦片烟税更是名副其实的地方苛杂，尤其是1920年后，鸦片成为某些军阀最重要的收入来源。各地征收烟税的手法有两种：第一，强迫种烟。当时强迫种烟的省份有福建、四川、安徽、湖北、湖南、广东、广西、贵州、河南、陕西、甘肃、新疆、辽宁等。第二，苛征烟税。军阀强迫农民种烟之后，又依恃武力向农民苛征烟税。

(6) 兵差

兵差是以军事名义的临时摊派，有力役、实物、货币三种形式。北洋时期的兵差征调比晚清苛重，表现在：第一，兵差的征调物品扩大，数量也增多了。北洋军阀统治时期，力役和实物形式的兵差在数量上远远超过货币形式的兵差。第二，无偿性的兵差比晚清大大增加。第三，因战争纷繁而加重。北洋军阀统治时期内战比晚清频繁，征发兵役的区域不断扩大，人力、畜力的征调和实物、货币的摊派都很沉重。

1927～1937年国民政府的赋役制度

国民政府成立后，为了统一财政，于1928年完成了中央财政和地方财政的划分。在收入方面，划归中央财政收入的项目主要有关税、盐税、统税、烟酒税、矿税、银行税、遗产税、印花税、国营企业收益等。划归地方财政收入的主要是田赋、契税、牙税、营业税、当税、牲畜税、屠宰税、船税、房捐等。

（1）中央财政收入

1927～1937年关税制度的重大变化是“关税自主”及税则变动。关税自主问题在北京政府时期就提出来了，但被列强否决。1928年国民政府继续争取关税自主，并逐渐得到列强的支持，到1930年，各国都原则上承认了中国的关税自主权。1928～1934年，国民政府先后颁布了四个国定税则，尽管其在不同程度上都带有与列强协定的色彩，并非完全自主，但毕竟其税则无须列强合商允定；并且打破了值百抽五的税率限制，先后提高了大量进口商品的税率，因而收到增加财政收入的明显效果。

国民政府建立后，对盐税进行了所谓“改善税制”的工作，1928年提出的整理盐税方案，包括统一税收、划一税率、整理场产、推广销运四点改革。统一税收是针对当时盐税征收机关经常迟迟不上交税款给中央，甚至挪作他用，要求由财政统一收支。划一税率是为改变各盐区税率高低不一的现状，从而制止从低税盐区向高税盐区的走私活动。整理场产是加强产盐的管理。推广销运是要废除包商制度，实行自由买卖。虽说针对盐务机关和包商制度的改革以及缉私活动都收效甚微，但税制改革给财政带来了增收的效益。

民国以来，各地仍然沿承清朝的厘金制度。至1928年，全国设有厘卡735个，名目繁多，严重危害中国民族工商业的发展。1928年成立全国裁厘委员会，着手准备裁撤厘金及国内一切通过税，同时举办特种消费税，以弥补裁厘的损失，但效果不佳。1930年财政部终于决定从1931年1月1日起，全国统一裁撤厘金，同时改征货物统税。统税是指对某些国内工业产品按一物一税的原则，一次性征税后即可行销全国，不再征收其他税捐。

国民政府时期，中央税收体系在整理旧税、开创新税的基础上，形成了以关税、盐税、统税为主的新结构。关、盐、统三税一般占年度税收的90%以上，1937年甚至高达97.9%。

（2）地方的赋税收入

地方税收以田赋、营业税、契税为三大税源，一般占其税收的绝大多数。

国民政府鉴于全国土地问题复杂、田赋积弊深重，于1928年将田赋作为地方税划归地方收入。这是中国田赋史上一次大的变化。国民政府曾试图从法令上对地方征收田赋有所限制，如不得添设附加税，田赋按地价的1%征收等。但是地方政府多置若罔闻，中央也无可奈何。所以，田赋划归地方后，农民的实际负担远远超过中央规定的界线，各省平均田赋占地价的百分率都高出中央政府规定的1～2倍，而且也高于北洋政府时期；田赋附加种类繁多，多数省份的田赋附加种类都有几十种甚至上百种，其税额往往超过正赋。

营业税创于1928年，作为地方收入，以弥补裁厘的损失。1931年行政院制定《营业税法》，规定了征收范围和标准。此后各省陆续开征。征收标准分为三种：以资本额为课税标准的，税率为4%～20%；以营业额为课税标准的，税率为2%～10%；以纯收益额为课税标准的，采用累进税率。

契税是对一切不动产产权转移行为所课的登录税，包括正税、附加和验契费三部分。正税税率有卖契和典契之分，各省规定不一，但卖契税要远远高于典契税。附加的税额也高低不一，有等于正税的，有超过正税的。1934年曾规定正税以“卖六典三”为限度，附加以正税的半数为原则。但实际上各行其是者甚多。验契费包括契约的呈验费和注册费，1934年统一规定每张契纸收费5角。

（3）兵差力役

这一时期的兵差指的是军队向农民无偿调发的钱物和夫役。国民政府军队仍一如北洋军阀，是以军阀个人为核心，以驻地为依凭，拥兵自重的。其军需除了政府给予的部分给养外，大量来自向驻地或行军所过之地人民勒索的兵差。所以，兵差调发范围广泛，调发人力、物力繁多。兵差的程度有战区、战备区、战区后方等军事性的地域差别。战区后方的兵差负担已相当沉重，战区农民负担的兵差就更加沉重了。一般来说，兵差的摊派方式有两种：一是按亩摊派，二是按户摊派，二者可交叉使用。但是，兵差的实际负担主要是落在贫户身上。

这个时期农民的力役负担主要来自两个方面：一是兵差力役，二是修路之役。为军队提供的力役包括运输物品和战勤服务。兵差的摊派有大量的实物需求，往往要农民运送到指定的地点。国民政府成立后，曾把修建公路列为国家经济建设的要政，到 1937 年，全国公路网已基本形成，公路总里程达 10.95 万公里。如此巨大的公路工程，所需力役之巨是无法精确计算的。有资料指出，仅在 1935 年一年当中，服工役的人数便在千万人以上。

3 抗日战争时期国统区的赋役制度

抗日战争时期的国统区，也就是当时所说的大后方，指的是正面战场中方军事第一线后面的广大地区，包括西南的四川、云南、贵州三省，西北的陕西、甘肃、宁夏、青海、新疆五省，以及处于战区的湖南、广西、广东、福建、浙江、江西、湖北、河南等省的部分地区。1944 年，日军发动打通平汉、粤汉两条铁路的大进攻，数月之间，河南、湖南、广西、广东等又有大片土地为日军所占。所以，抗战时期稳定的大后方，实是西南和西北二隅。

随着战争的爆发，军费支出大增，而传统税收项目的收入减少，国民政府的财政赤字不断扩大。国民政府从1938年开始建立起战时财政体制，为了对付财政问题，先后采取一系列增收措施，对国统区的赋役制度产生了重大影响。

（1）关、盐、统三税的整顿

国民政府建立以来，关税、盐税、统税是中央财政的三大支柱，这三种税源多集中于东南沿海地区。抗战爆发后，沿海沿江经济富庶之地及大城市相继沦陷，关、盐、统三税收入锐减。

整顿关税的内容，一是改订进出口税则，调整进出口货物。对交通器材、药品、钢铁、机器等必需品分别减免税或准予记账以奖励输入。对所有烟、酒及丝织品、毛织品、皮货、玩具、化妆品等则禁止进口。二是扩大转口税。战前仅对来往于通商口岸的轮船与航运货物课税。1937年10月1日起规定，在海关所在口岸由船舶、公路、铁路、飞机、邮政运输的土货，除已征统税及烟、酒税者外，凡经海关及其分卡时，均征收转口税。税率为从量值100抽5，从价值100抽7.5。1942年4月因实行战时消费税而取消转口税。

整顿盐税包括盐务与税收两方面。盐务方面，由于对沿海存盐采用官、商并进积极抢运的办法，使得专商引岸制度趋于崩溃，最后于1939年彻底废除专商引岸制度。税收方面，先是从1941年9月起至年底，办理从价计征，分产、销两种。产税在盐出场时征收实物或折缴代金，以放盐时场价为准。销税在各销区中心地点依岸价40%或30%计征，产、销税不得并征，以往各种税目一律取消。1942～1945年实行盐专卖，原有各种盐税均予以取消。1945年2月取消盐专卖，恢复征税，每担110元。

对于统税的整顿，一是将征收区域扩大至西北、西南各省，二是扩大征收品种范围，三是提高税率。

(2) 田赋的征实、征购与征借

1938年7月至1941年7月，田赋仍归地方征收。由于战争的影响和原来各省的自行其是，国统区田赋正额的征收仍在加重。与此同时，田赋附加也一如抗战前一样名目繁多，有增无减。并且随着抗战的进展，粮价飞涨，又带动了其他物价的上涨。在这种形势下，部分省份相继采取了粮食征实的改革。1941年6月16日召开的第三次全国财政会议上，通过了中央接管田赋，以及自1941年下半年度开始一律征收实物的田赋改革原则。自此田赋全部征收实物。然而田赋征实所得粮食远远不能满足需求，为此，1941年国民政府又采取向大户定价征购余粮的办法。不过在实际执行中，所谓向大户征购却是近乎摊派。

征购粮食的支付办法是所谓"三七搭成"，即收购一市石粮食，付给三成的现金，七成的粮食库券。然而政府定价远低于市场价，不提高粮价，农民明显受到很大的损失，而提高价格，战时财政又无力承担。因此从1943年开始，便有四川率先改征购为征借，即不再搭放现金，一律发放粮食库券。随后不少省份纷纷效仿。1944年5月，国民政府决定自当年开始，将各省征购一律改为征借，以减轻国库负担。

（3）地方横征与差役弊端

国民政府将中央财政和地方财政做了划分，地方财政以省为主体，县财政附属于省而缺乏独立的财源。而县政府由于职权不断扩大，费用日增，不免摊派、附加，弊病丛集。因此各地要求补充县级财政合法财源的呼声日高。于是，1941 年，国民政府对中央财政和地方财政的划分做了重大调整。将全国财政分为国家财政和自治财政两大系统，所有中央和省两部分的财政，统一为国家财政；县、市和县以下各级地方自治组织，统一为自治财政系统。从 1942 年元旦起，自治财政系统开始运作。

然而，自治财政系统缺乏足够的固定财源，实际收入并不充足，加上物价飞涨，地方支出费用日增，县级财政比未改定收支系统之前更加困难。所以，抗战以来日见严重的地方性苛捐杂税，便在自治财政系统下继续蔓延。

抗战时期兵差的调发必然是很沉重的。正规军所到之处，向当地农民要物、要粮、要钱、要夫役；地方组织的自卫团所需的弹药枪械、服装、伙食等，也向农民摊派。再加上当时吏治相当腐败，使得役政在实际执行中弊病丛生，造成农民力役负担严重不公平，增加了许多不必要的负担，使农民付出了大量无谓的人力、物力乃至生命的代价。

随着抗战的进行，源源不断地补充兵员至关重要。抗战时期的征兵制度基本上就是国民政府于 1936 年开始执行的《兵役法》。按规定，常备兵役的年龄是20～40岁，国民兵役是18～45岁。国民政府军政部还规定了征兵的“三平原则”：平等、平均和平允，又称“三平主义”。然而在实际执行中，出现了“捉兵法”、“买兵法”之类的严重弊病，使得国民政府的征兵制度败坏为祸害农民的拉壮丁、抓壮丁。

4 1945～1949年国统区的赋役制度

抗日战争胜利后，国民政府发动了内战，尤其是内战局势很快变得对国民政府不利，因而军费开支日益庞大，连年造成巨额财政赤字。国民党南京政府遂加重对人民的榨取，赋役征调极其苛重。

（1）继续实行田赋“三征”

1945年9月3日，国民政府曾发布命令，允诺对恢复区豁免“本年度田赋一年”，后方各省则“准俟明年度亦予豁免”。然而，在恢复区，各省仍在想方设法征收。

1946年，经国民党六届二中全会议定，从7月1日起恢复田赋“三征”办法。在实行中，田赋三征比抗战期间更加苛重，表现在：第一，赋额提高。第二，官方制定的征购价格远远低于市场价格，在实际支付时又往往不用或者少用现金，而搭配一些转眼就贬值的“流通券”、“粮食券”或“征购代价券”之类。第三，“带征公粮”、“带征积谷”之类附加继续增加。第四，征收中采取的暴力手段更多。

（2）苛捐杂税不断加剧

这一时期，国民党南京政府的苛捐杂税变本加厉。如在四川，有名目的捐税共为240种，还有名目繁多的苛杂，超过有名目的捐税若干倍以上。浙江绍兴，非法摊派的名目就有267种，加上合法的，更在300种以上。

国民党南京政府发动的全面内战，是中国历史上规模空前的一场战争，为此对力役的征调也达到空前苛虐的程度。在兵役方面，1946年征兵额定为50万人，1947年为150万人，1948年在其统治即将覆灭之际，仍征兵100万人以上。除兵役外，为军事服务的临时差役也相当苛重，国民党军队动辄征调大批民夫、车辆去运军粮、行李和随军家属。

国民党政府的倒行逆施挽救不了其覆灭的命运。随着中华人民共和国的成立，旧中国的赋役制度被彻底废弃，而进入了历史博物馆。

《中国史话》总目录

系列名	序号	书名	作者
物质文明系列（10种）	1	农业科技史话	李根蟠
	2	水利史话	郭松义
	3	蚕桑丝绸史话	刘克祥
	4	棉麻纺织史话	刘克祥
	5	火器史话	王育成
	6	造纸史话	张大伟　曹江红
	7	印刷史话	罗仲辉
	8	矿冶史话	唐际根
	9	医学史话	朱建平　黄　健
	10	计量史话	关增建
物化历史系列（28种）	11	长江史话	卫家雄　华林甫
	12	黄河史话	辛德勇
	13	运河史话	付崇兰
	14	长城史话	叶小燕
	15	城市史话	付崇兰
	16	七大古都史话	李遇春　陈良伟
	17	民居建筑史话	白云翔
	18	宫殿建筑史话	杨鸿勋
	19	故宫史话	姜舜源
	20	园林史话	杨鸿勋
	21	圆明园史话	吴伯娅
	22	石窟寺史话	常　青
	23	古塔史话	刘祚臣
	24	寺观史话	陈可畏
	25	陵寝史话	刘庆柱　李毓芳
	26	敦煌史话	杨宝玉
	27	孔庙史话	曲英杰
	28	甲骨文史话	张利军
	29	金文史话	杜　勇　周宝宏

系列名	序号	书名	作者
物化历史系列（28种）	30	石器史话	李宗山
	31	石刻史话	赵　超
	32	古玉史话	卢兆荫
	33	青铜器史话	曹淑芹　殷玮璋
	34	简牍史话	王子今　赵宠亮
	35	陶瓷史话	谢端琚　马文宽
	36	玻璃器史话	安家瑶
	37	家具史话	李宗山
	38	文房四宝史话	李雪梅　安久亮
制度、名物与史事沿革系列（20种）	39	中国早期国家史话	王　和
	40	中华民族史话	陈琳国　陈　群
	41	官制史话	谢保成
	42	宰相史话	刘晖春
	43	监察史话	王　正
	44	科举史话	李尚英
	45	状元史话	宋元强
	46	学校史话	樊克政
	47	书院史话	樊克政
	48	赋役制度史话	徐东升
	49	军制史话	刘昭祥　王晓卫
	50	兵器史话	杨　毅　杨　泓
	51	名战史话	黄朴民
	52	屯田史话	张印栋
	53	商业史话	吴　慧
	54	货币史话	刘精诚　李祖德
	55	宫廷政治史话	任士英
	56	变法史话	王子今
	57	和亲史话	宋　超
	58	海疆开发史话	安　京

系列名	序号	书名	作者
交通与交流系列（13种）	59	丝绸之路史话	孟凡人
	60	海上丝路史话	杜　瑜
	61	漕运史话	江太新　苏金玉
	62	驿道史话	王子今
	63	旅行史话	黄石林
	64	航海史话	王　杰　李宝民　王　莉
	65	交通工具史话	郑若葵
	66	中西交流史话	张国刚
	67	满汉文化交流史话	定宜庄
	68	汉藏文化交流史话	刘　忠
	69	蒙藏文化交流史话	丁守璞　杨恩洪
	70	中日文化交流史话	冯佐哲
	71	中国阿拉伯文化交流史话	宋　岘
思想学术系列（21种）	72	文明起源史话	杜金鹏　焦天龙
	73	汉字史话	郭小武
	74	天文学史话	冯　时
	75	地理学史话	杜　瑜
	76	儒家史话	孙开泰
	77	法家史话	孙开泰
	78	兵家史话	王晓卫
	79	玄学史话	张齐明
	80	道教史话	王　卡
	81	佛教史话	魏道儒
	82	中国基督教史话	王美秀
	83	民间信仰史话	侯　杰
	84	训诂学史话	周信炎
	85	帛书史话	陈松长
	86	四书五经史话	黄鸿春

系列名	序号	书名	作者
思想学术系列（21种）	87	史学史话	谢保成
	88	哲学史话	谷　方
	89	方志史话	卫家雄
	90	考古学史话	朱乃诚
	91	物理学史话	王　冰
	92	地图史话	朱玲玲
文学艺术系列（8种）	93	书法史话	朱守道
	94	绘画史话	李福顺
	95	诗歌史话	陶文鹏
	96	散文史话	郑永晓
	97	音韵史话	张惠英
	98	戏曲史话	王卫民
	99	小说史话	周中明　吴家荣
	100	杂技史话	崔乐泉
社会风俗系列（13种）	101	宗族史话	冯尔康　阎爱民
	102	家庭史话	张国刚
	103	婚姻史话	张　涛　项永琴
	104	礼俗史话	王贵民
	105	节俗史话	韩养民　郭兴文
	106	饮食史话	王仁湘
	107	饮茶史话	王仁湘　杨焕新
	108	饮酒史话	袁立泽
	109	服饰史话	赵连赏
	110	体育史话	崔乐泉
	111	养生史话	罗时铭
	112	收藏史话	李雪梅
	113	丧葬史话	张捷夫

系列名	序号	书名	作者
近代政治史系列（28种）	114	鸦片战争史话	朱谐汉
	115	太平天国史话	张远鹏
	116	洋务运动史话	丁贤俊
	117	甲午战争史话	寇　伟
	118	戊戌维新运动史话	刘悦斌
	119	义和团史话	卞修跃
	120	辛亥革命史话	张海鹏　邓红洲
	121	五四运动史话	常丕军
	122	北洋政府史话	潘　荣　魏又行
	123	国民政府史话	郑则民
	124	十年内战史话	贾　维
	125	中华苏维埃史话	杨丽琼　刘　强
	126	西安事变史话	李义彬
	127	抗日战争史话	荣维木
	128	陕甘宁边区政府史话	刘东社　刘全娥
	129	解放战争史话	朱宗震　汪朝光
	130	革命根据地史话	马洪武　王明生
	131	中国人民解放军史话	荣维木
	132	宪政史话	徐辉琪　付建成
	133	工人运动史话	唐玉良　高爱娣
	134	农民运动史话	方之光　龚　云
	135	青年运动史话	郭贵儒
	136	妇女运动史话	刘　红　刘光永
	137	土地改革史话	董志凯　陈廷煊
	138	买办史话	潘君祥　顾柏荣
	139	四大家族史话	江绍贞
	140	汪伪政权史话	闻少华
	141	伪满洲国史话	齐福霖

系列名	序号	书名	作者
近代经济生活系列（17种）	142	人口史话	姜　涛
	143	禁烟史话	王宏斌
	144	海关史话	陈霞飞　蔡渭洲
	145	铁路史话	龚　云
	146	矿业史话	纪　辛
	147	航运史话	张后铨
	148	邮政史话	修晓波
	149	金融史话	陈争平
	150	通货膨胀史话	郑起东
	151	外债史话	陈争平
	152	商会史话	虞和平
	153	农业改进史话	章　楷
	154	民族工业发展史话	徐建生
	155	灾荒史话	刘仰东　夏明方
	156	流民史话	池子华
	157	秘密社会史话	刘才赋
	158	旗人史话	刘小萌
近代中外关系系列（13种）	159	西洋器物传入中国史话	隋元芬
	160	中外不平等条约史话	李育民
	161	开埠史话	杜　语
	162	教案史话	夏春涛
	163	中英关系史话	孙　庆
	164	中法关系史话	葛夫平
	165	中德关系史话	杜继东
	166	中日关系史话	王建朗
	167	中美关系史话	陶文钊
	168	中俄关系史话	薛衔天
	169	中苏关系史话	黄纪莲
	170	华侨史话	陈　民　任贵祥
	171	华工史话	董丛林

系列名	序号	书名	作者
近代精神文化系列（18种）	172	政治思想史话	朱志敏
	173	伦理道德史话	马　勇
	174	启蒙思潮史话	彭平一
	175	三民主义史话	贺　渊
	176	社会主义思潮史话	张　武　张艳国　喻承久
	177	无政府主义思潮史话	汤庭芬
	178	教育史话	朱从兵
	179	大学史话	金以林
	180	留学史话	刘志强　张学继
	181	法制史话	李　力
	182	报刊史话	李仲明
	183	出版史话	刘俐娜
	184	科学技术史话	姜　超
	185	翻译史话	王晓丹
	186	美术史话	龚产兴
	187	音乐史话	梁茂春
	188	电影史话	孙立峰
	189	话剧史话	梁淑安
近代区域文化系列（11种）	190	北京史话	果鸿孝
	191	上海史话	马学强　宋钻友
	192	天津史话	罗澍伟
	193	广州史话	张　苹　张　磊
	194	武汉史话	皮明庥　郑自来
	195	重庆史话	隗瀛涛　沈松平
	196	新疆史话	王建民
	197	西藏史话	徐志民
	198	香港史话	刘蜀永
	199	澳门史话	邓开颂　陆晓敏　杨仁飞
	200	台湾史话	程朝云

《中国史话》主要编辑出版发行人

总 策 划	谢寿光　王　正
执行策划	杨　群　徐思彦　宋月华
	梁艳玲　刘晖春　张国春
统　　筹	黄　丹　宋淑洁
设计总监	孙元明
市场推广	蔡继辉　刘德顺　李丽丽
责任印制	岳　阳